두드리면
열립니다

두드리면 열립니다

개정판 3쇄 발행 2018년 4월 5일
1판 1쇄 발행 2011년 11월 21일

지은이 이수훈

펴낸이 이수훈
펴낸곳 꿈꾸는사람들

기획 편집 채영숙
디자인 최영주

출판등록 2011년 11월 24일(제463-2011-4호)
주소 충남 당진시 수청로 139-17 Tel.070.4659.5264
홈페이지 www.jesuscountry.net
이메일 adada7416@naver.com

©이수훈, 2018

ISBN 979-11-85372-09-9 03230

「이 도서의 국립중앙도서관 출판예정도서목록(CIP)은 서지정보유통지원시스템
홈페이지(http://seoji.nl.go.kr)와 국가자료공동목록시스템(http://www.nl.go.kr/
kolisnet)에서 이용하실 수 있습니다.(CIP제어번호: CIP2018009385)」

PRAYER OPENS

두드리면
열립니다

이수훈

プロローグ表記

기도는 어렵지 않습니다
당신도 기도할 수 있습니다

기도를 흔히 하나님과의 대화라고 합니다. 실제로 하나님과 대화할 수 있는 유일한 방법은 기도입니다. 하지만 기도가 어렵다고 합니다. 기도하는 방법을 몰라 답답해합니다. 그러나 기도는 어렵지 않습니다. 답답해할 이유도 없습니다. 기도는 사람과 사람이 만나 대화하듯 하나님과 두런두런 이야기하는 것입니다.

나의 고민을 이야기하고, 속상한 것을 털어놓고 바라고 기대하고 꿈꾸며 소원하는 것들을 고백하고 간절히 구하는 것입니다. 신비로운 것은 하나님께서 우리의 기도를 들으시고 응답하신다는 것입니다. 그것을 우리는 '기도 응답하셨다'라고 합니다.

이것이 가능합니까? 정말 기도하면 들어주십니까? 방법이 있습니까? 어떻게 응답하십니까? 어떻게 기도하면 됩니까? 수없는 질문을 하고 싶으실 것입니다. 이 모든 궁금증과 해답이 이 책 안에 들어있습니다. 또한, 이론뿐만 아니라 실제로 따라서 해볼 수 있도록 아주 쉽게 예를 들어 설명해 놓았습니다. 그대로 따라 하다 보면 기도가 어렵지 않다는 것을 알게 될 것입니다. 그리고 기도하고 싶어지고 기도하게 될 것입니다.

이 책은 2011년도에 출간한 〈기도 이렇게 하면 되어진다〉에 살을 붙이고, 새 옷을 입힌 개정판입니다. 개정판을 내어놓는 이유는 단 두 가지입니다. 이 땅에 다시 기도의 불길이 타오르길 바라는 마음에서입니다. 더는 하나님과의 대화를 힘들어하고 어려워하는 성도들이 없기를 바라서입니다.

부디 이 책을 읽는 내내 여러분의 마음속에 기도하고자 하는 꿈틀거림이 일어나길 기대합니다. 여러분의 기도가 불씨가 되고 나아가 온 나라에 기도의 불길이 활활 타올랐으면 좋겠습니다.

마지막으로, 봄날의 새싹처럼 여러분의 기도가 파릇파릇 돋아나기를 바랍니다. 여름의 햇빛과 바람과 비를 맞으며 기도가 무럭무럭 자라나 풍성한 기도의 열매를 맺기를 바랍니다.

이수훈

contents

Part 1
성도의 특권
기도

Part 2

능력 있는
하나님과의
대화법들

Part 3

성령으로
인도함을 받는
기도

Part4
기도가
정답이다

···나 여호와가 말하였으니 이루리라···그래도 이스라엘 족속이
이같이 자기들에게 이루어 주기를 내게 구하여야 할지니라

겔 36:36,37

Part 1

성도의 특권
기도

기도는 하나님의 자녀가 누리는 특권이요 보배이며 하나님이 주신 최상의 선물입니다. 감히 인간인 우리가 기도를 통해 하나님과 대화를 나눌 수 있기 때문입니다. 그 대화를 통해 하나님과 교통^{신령한 교제}하며 그분의 뜻을 알고, 그분이 기뻐하시는 대로 내가 변하기 때문입니다. 이 밖에도 기도의 장점은 이루 말할 수 없이 무궁무진합니다. 그런데 기도는 거저 얻어진 것이 아닙니다. 예수님께서 십자가에서 물과 피를 다 쏟으신 후 생명을 드려 얻어낸 열매입니다.

기도의 대상은 오직 하나님뿐입니다

기도는 우리 기독교에만 있는 것이 아닙니다. 불교에도 있습니다. 무당도 기도합니다. 무슬림도 기도합니다. 이 세상의 모든 종교는 다 기도합니다.

무당들은 팔도강산 산천의 바위와 계곡의 기도터를 찾아다니며 기도합니다. 무슬림은 하루 다섯 번 성지인 메카를 향해 엎드려 기도합니다. 스님들은 매일 새벽마다 예불을 드립니다. 새벽기도는 교회만 있는 것이 아니라 절에도 있습니다. 심지어 철야기도회도 합니다. 스님뿐만 아니라 일반 불자佛子들도 불상 앞에서 천 번의 절을 하며 기도를 합니다. 아마 그들은 '삼천 배'를 해야 한다고 하면 관절이 망가진다 해도 멈추지 않고 정성을 다하려고 할 것입니다. 힘들수록 고행 속에 도道가 있다고 믿기 때문입니다. 이런 모습을 보면 부끄럽지만 우리 크리스천들보다 그 정성이 몇 배는 큰 것 같습니다.

옛 조상들은 성황당이나 큰 정자나무 밑에 촛불을 켜놓고 빌었습니다. 우리네 어머니들은 장독대 큰 항아리 위에 촛불을 켜놓고 '천지신명이여! 비나이다. 비나이다.' 손이 닳도록 빌고 빌었습니다. 특별히 매달 초하루 이삼일은 새벽에 처음 길은 정화수井華水를 떠놓고 빌었습니다. 누가 시켜서 한 일이 아닙니다. 그저 자식을 위해, 남편을 위해 빌고 빌어야만 한다고 생각했습니다. 이것이 우리 민족의 종교적 정서입니다.

그런데 누구에게 빌었습니까? 기도를 받는 대상이 누구였습니까? 그들은 비는 대상이 뚜렷하지 않았습니다. 지성이면 감천이라고 정성을 드리면 신들 중 하나는 응답해 줄 것이라는 기대 속에서 무조건 빌었습니다. 그러니 얼마나 답답한 노릇입니까!

지금도 사람들은 나무, 달, 바위에 빌고 있습니다. 어리석게도 아무것도 해줄 수 없는, 하나님께서 다스리라 말씀하신 천지 만물들에 빌고 있습니다. 이 모든 행위들을 그들은 기도라고 합니다. 그러나 모두 소용없는 헛된 기도입니다. 또 부처를 형상화한 불상을 법당 안에 모시고 빕니다. 그런데 부처는 신이 아닙니다. 부처는 불도를 깨달은 성인일 뿐, 그를 형상화한 불상에 아무리 빈다고 한들 아무런 소용이 없습니다.

기도는 우주 만물을 지으신 하나님께, 그 우주 만물을 다스리시며 인간의 생사와 화와 복을 주관하시고, 죄로 인하여 영원히 죽을 수밖에 없는 인간을 영생에 이르게 하시는 하나님께 하는 것입니다. 그분께 나의 삶을 거룩하고 의롭고 온전하게 이끌어 달라고 구하며 마음의 소원을 아뢰는 것, 그것이 바로 기도입니다. 기도를 들어주시고 응답하시는 분은 오직 하나님뿐이십니다. 우리는 오직 하나님 한 분께만 기도해야 합니다.

기도를 해야 하는 이유

성도는 하나님 나라의 백성과 자녀로서 말씀을 따라 온전한 삶을 살아가야 합니다. 그러기 위해서 반드시 기도해야 하는 두 가지 이유가 있습니다.

첫째, 성도는 예수 그리스도의 피로 거듭 ^{born again 영적으로 새로 태어남} 났지만 본질적으로 가지고 있는 죄성과 사단의 힘을 이길 수 없기 때문입니다. 또한 나 자신의 힘과 의지로는 하나님의 뜻을 따라서 살 수 없는 존재이므로 반드시 주님의 인도 하심을 구하는 기도를 해야 합니다. 또한 인간의 생사화복은 하나님의 주권에 속해 있습니다. 사람은 하나님의 주권 안에서만 그 활동이 가능합니다. 나에게 부딪히는 삶의 문제 역시 하나님의 손에 달려 있습니다. 그러므로 우리는 하나님께 삶의 문제를 해결해 달라고 기도드려야 합니다.

둘째, 하나님은 은혜로우시며 자비하신 분이시지만 기도를 받으신 후에 그의 뜻을 이루시고, 기도에 응답해주시기로 뜻을 정하셨기 때문입니다. 이 말씀을 뒷받침하는 성경 말씀을 찾아보면 다음과 같습니다.

…나 여호와가 말하였으니 이루리라…그래도 이스라엘 족속이 이같이 자기들에게 이루어 주기를 내게 구하여야 할지니라 겔 36:36,37

예수님은 무슨 일을 하든지 기도로 시작하셨고, 새벽에는 그날 일을 위해 기도하셨습니다. 뿐만 아니라 예수님께서는 하루 일과가 끝난 후에도 밤이 늦도록 기도하셨습니다. 이토록 하나님의 아들인 예수님께서 굳이 기도를 드리신 이유는 단순히 기도의 본을 보여주기 위한 때문만은 아니었습니다.

예수의 소문이 더욱 퍼지매 수많은 무리가 말씀도 듣고 자기 병도 고침을 받고자 하여 모여 오되 예수는 물러가사 한적한 곳에서 기도하시니라 눅 5:15-16

사역 그러니까 하나님의 일을 하기에 앞서 가장 먼저 절대적으로 해야 할 일이 기도임을 예로 보여주신 것이라 할 수 있습니다.

군인들에게 잡히시기 전 겟세마네 동산에서의 기도도 마찬가지입니다. 인간으로서의 예수는 대신 죗값을 치러야 하는 속죄의 사역을 수행할 수 없음을 알았기 때문에 기도하셨습니다. 인간의 몸으로 오신 그분도 두려웠기 때문입니다.

그리고 하나님의 일은 오직 하나님의 주관으로 이루어지지만, 반드시 기도를 받으신 후에 행하신다는 것을 알기 때문에 예수님은 아버지 하나님께 통곡하며 기도를 드렸던 것입니다. 그렇게 기도하시므로 하나님으로부터 내려온 능력이 예수님께 임하였고, 속죄제물로서 구원의 사역을 완성할 수 있으셨습니다. 눅 22:42-44절, 히 5:7 참조

우리 인간의 힘으로 할 수 있는 건 아무것도 없습니다. 아무리 스펙을 쌓고, 많은 재물과 권력을 손에 거머쥐고 있어도 하나님의 도우심 없이는 그 어느 것도 안전할 수 없습니다. 그러므로 성도가 반

드시 해야 할 것은 하나님께 완전히 맡기는 기도! 기도인 것입니다.

하나님은 기도를 들으신 후 응답하십니다

우리가 어떤 문제를 위해 기도하지 않았음에도 하나님이 알아서 척척 그 문제를 해결해 주신다면 얼마나 좋겠습니까? 그런데 과연 좋기만 할까요?

"내가 그때 그 말을 하는 바람에 일이 이렇게 수월하게 풀린 거야."

"역시 돈이야. 바로 문제가 해결되네."

기도하지 않았는데도 문제가 해결되면 우리는 이렇게 나 자신이나 문제 해결에 크게 영향을 준 매개체에 그 공을 돌릴 것입니다. 그렇게 되면 하나님을 주Lord로 모시는 믿음은 점점 내게서 멀어지게 될 것입니다. 대신 나 자신이나 세상의 것들을 더 의지하고 더 사랑하는 인본주의, 혹은 세속주의로 빠져들게 될 것입니다.

그러나 반대로 모든 일의 성패가 주님의 주권에 있음을 믿고, 주님께 기도하므로 문제가 해결된다면 그 성도는 하나님의 은혜와 사랑과 능력을 경험하게 되고, 하나님을 더욱 신뢰하며 사랑하는 사람이 될 것입니다. 그리고 모든 공로를 하나님께 올려드리는 겸손한 믿음의 사람이 될 것입니다.

그렇기 때문에 하나님은 믿음의 기도를 받으시고 일하시기로 뜻을 정하신 것입니다.

일상에서 쉬지 말고 기도해야 합니다

사도 바울은 '쉬지 말고 기도하라'고 말씀하셨습니다. 쉬지 않고 기도한다는 것은 잠을 자고, 밥을 먹는 등의 모든 일상생활에서 주님을 생각하고 의지하며, 주님과 교제하는 것을 뜻합니다. 그런데 기도를 쉬지 않고 해야 하는 이유는 무엇일까요?

사람이 제아무리 좋은 인품과 강한 의지를 가지고 있다고 해도 인간 자신의 힘으로는 거룩하신 하나님의 뜻을 따르며 살기란 어렵기 때문입니다. 또한 매일 현실 속에서 만나는 모든 문제 역시 인간 스스로는 해결할 수 없기 때문입니다.

이유는 사단이 인간 속에 있는 죄성sinful mind을 충동하여 선한 삶을 살지 못하도록 끊임없이 방해하기 때문이며, 감당하기 어려운 문제를 일으켜 인간을 견딜 수 없게 만들기 때문입니다. 그러므로 성도가 하나님 앞에서 사람다운 삶, 주님의 자녀다운 삶을 살기 위해서는 쉬지 말고 기도해야 합니다.

그렇다면 일상에서 어떻게 쉬지 않고 기도할 수 있을까요?

하루 일과가 시작될 때

일단 아침에 눈을 뜨면
"하나님, 저 일어났습니다. 오늘 하루 내내 하나님의 뜻을 따라 살게 해 주시고, 어려운 일 없도록 우리 가정을 지켜 주세요."
입으로 소리 내어 기도합니다.

아침 식사를 준비하는 주부들은
"하나님, 먹을 것을 준비할 수 있도록 재료를 주셔서 감사합니다. 우리 가족들의 건강에 유익한 맛있는 음식을 만들 수 있도록 지혜를 주세요!"
라고 기도합니다.

온 가족이 식탁에 둘러앉아 식사하기 전에도
"하나님, 온 식구가 함께 모여 밥을 먹게 해 주시니 감사합니다. 이 음식을 먹을 때 좋은 영양분만 섭취되어 건강하고 성실한 하루가 되게 하여 주옵소서!"
라고 기도합니다.

출근하는 남편을 배웅하며

"하나님, 우리 남편이 오늘도 직장에서 인정받고 칭찬받고 존경받는 사람으로 일 잘하고 무사히 돌아오게 해 주세요."
라고 기도합니다.

자녀가 학교에 갈 때도 기도로 배웅해줍니다.
"하나님, 우리 아이가 학교 길을 오가며 위험하지 않게 눈동자처럼 지켜 주세요. 수업시간에는 아이가 선생님을 존경하고, 선생님도 아이를 사랑하고 이해하며 좋은 관계로 지내도록 도와주세요."

자녀는 특히 하루를 거의 함께 지내는 선생님을 위해 기도해야 합니다. 선생님은 아이에게 공부를 가르쳐줄 뿐만 아니라, 그밖에 전반적인 교육과 활동을 돕는 분이십니다. 그런데 선생님도 어쩔 수 없는 사람입니다. 아이가 잘못을 저질렀을 때 포용해주지 못할 때도 있고, 미워할 때도 있습니다. 그로 인해 자칫 아이는 학교생활을 즐겁게 할 수 없게 될 수도 있습니다. 그러므로 선생님을 위해서도 꼭 기도해야 합니다.

친구들과의 관계를 위해서도 기도해야 합니다. 아무리 성적이 좋은 아이라도 친구들에게 괴롭힘을 당하는 아이는 학교생활이 즐겁지 못합니다. 자칫 친구들 문제에 시달리느라 공부에 흥미를 잃게 될 수도 있습니다. 그렇다고 부모가 일일이 따라다니면서 지켜줄 수도 없는 노릇이니 하나님께 완전히 맡겨야 합니다.

"하나님, 오늘 하루 아이가 친구들 때문에 마음에 상처를 받는 일이 없도록 도와주세요. 우리 아이도 친구들에게 상처 주는 일 없도록 마음을 지켜 주세요. 그리고 하나님 안에서 당당하고 배려할 줄 알며 친구들에게 웃음을 주는 귀한 하루가 되게 해 주세요."

부모는 이렇게 매일 기도로 아이를 지켜야 합니다.

하루 일과를 마치고

가족이 하루 일과를 마치고 돌아오면 모여 밥부터 먹지 말고 먼저 감사기도를 드리시기 바랍니다. 요즘 같은 험한 세상에 밖에서 생활하던 가족들이 저녁에 다시 건강하게 만날 수 있다는 것 자체가 기적 아니겠습니까?

종종 뉴스에서 아침에 멀쩡히 어린이집이나 유치원에 갔던 아이가 싸늘한 주검으로 돌아왔다는 안타까운 소식을 접할 때가 있습니다. 아이를 태운 선생님과 운전기사가 아이를 깜빡하고 차에서 내리지 않아 하루 종일 차에 갇혀 질식사한 사고들이었습니다. 간혹 차 안에서 잠이 드는 아이들도 있으니 아이들이 다 내린 뒤 차 안을 한 번 둘러봤으면 좋았을 텐데 말입니다.

요즘은 길을 가다 아무 이유 없이 폭행을 당하기도 하고, 도로 위 난폭운전과 보복운전으로 인해 애꿎은 운전자들이 목숨을 잃는 경우도 참 많습니다. 그런데 이런 일이 남의 일만일까요? 나와는 전혀 상관없는 일일까요? 그렇지 않습니다. 물론 이런 일이 일어나서는 안 되겠지만 우리에게도 이런 불행한 일이 일어나지 않으리라는 보장이 없습니다. 그러므로 하나님께서 매 순간 지켜 주시도록 기도해야 합니다. 기도는 하나님께 보호와 인도를 받는 방편이기 때문입니다.

유대인들은 해가 지고 가족이 침실에 들 때에 엄마가 한 아이씩 차례로 안아주면서 "주여, 이 밤에 우리 사랑하는 ○○를 위탁합니다. 이 아이가 자고 일어날 때까지 이 영혼을 평안하게 지켜 주세요" 라고 기도를 해준답니다.

자다가 돌연사하는 경우도 많으니까요. 그러므로 자기 전에 꼭 기도하고, 아침에 눈을 뜨면 "밤새 지켜 주셔서 감사합니다" 하고 기도하는 거룩한 습관을 들여야 합니다. 이렇게 계속 일상 속에서 기도하다 보면 모든 일에 저절로 기도가 되기 시작합니다. 기도를 잘하고 못하고는 둘째 문제입니다. 전반적인 생활에서 기도를 하게 된다는 것이 중요합니다.

모든 일상을 기도로 시작하고 기도로 마무리해 보십시오. 각박한 이 세상을 살지만 마음은 잔잔하고 평안하며, 하나님이 기도를 들어주심으로 날마다 기쁘고 행복합니다. 그리고 무엇보다 하루의 삶이 안전합니다.

생활기도

참 성도의 삶은 기도의 삶입니다. 참 믿음의 삶도 기도의 삶입니다. 하나님을 삶의 주Lord로 모시는 절대적인 길이 기도이기 때문입니다. 그러므로 '쉬지 말고 기도하라'는 말씀처럼 생활 속에서 수시로, 무시로 기도해야 합니다. 즉, 기도가 습관화되어 생활 속에 배어 있어야 합니다.

그런데 교회에 오래 다녔으나 기도 자체에 어려움을 느끼는 분들이 있습니다. 기도하는 방법을 모른다는 분도 있습니다. 더욱이나 교회에 출석한 지 얼마 되지 않은 초신자들은 말할 것도 없을 것입니다. 그러나 걱정하지 마십시오. 생활기도는 참 쉽습니다.

생활기도는 운전을 하면서도 할 수 있고, 걸어가면서도 할 수 있습니다. 청소를 하면서도 할 수 있고, 설거지를 하면서도 할 수 있습니다. 자전거를 타면서도 할 수 있고, 등산을 하면서도 할 수 있습니다. 처음에는 일상생활 중에 소리를 내어 기도하는 것이 어색하지만 꾸준히 하다 보면 자연스럽게 호흡하듯이 기도가 나올 것입니다. 무엇보다 하나님과의 관계가 친밀해질 것입니다.

생활기도란 무엇일까요?

그렇다면 생활기도란 무엇일까요? 생활기도는 교회에서뿐만 아니라 일상에서도 나와 동행하시는 하나님과 끊임없이 대화를 나누는 것이 생활기도입니다. 그날그날의 삶을 살면서 하나님께 지혜를 구하고, 묻기도 하고, 감사함을 고백하기도 하고, 도움을 구하기도 하는 기도가 생활기도입니다.

단, 모든 기도는 '예수님의 이름으로 기도했습니다. 아멘!'으로 맺어야 합니다. 이유는 예수님께서 이렇게 명령하셨기 때문입니다.

내 이름으로 무엇이든지 내게 구하면 내가 행하리라 요 14:14

예수님은 자신의 이름으로 무엇이든지 구하면 응답하시겠다고 말씀하셨습니다. 단, 예수님께서 우리의 죄를 대신하여 십자가에 못 박히심으로 죄의 값을 대신 치르신 그 공로를 믿고, 전적으로 그분께 맡기며 기도해야 합니다.

생활기도 실천하기

생활기도는 묵상기도가 아닙니다. 소리 내어 하는 기도입니다. 위에서 말했듯 소리 내어 기도하는 것이 처음은 어색하고 창피할 수 있습니다. 그러나 일단 시작해 봅시다. 아이가 처음 말을 배우듯이 조금씩 시도하다 보면 어색함과 창피함이 사라집니다.

그럼 이제 기도해 보겠습니다. 일단 무릎을 꿇고, "하나님!" 하고 소리 내어 불러 보십시오. 우리가 하나님을 부르면 하나님은 우리에게 집중하십니다. "하나님!" 하고 불렀다면 아래의 예문을 따라 기도해 보십시오.

※생활기도나 기도를 처음 시작하는 분들은 간단하게 기도해 봅니다.

*가족이 밥상 앞에 둘러앉아 기도합니다.

"하나님, 밥을 주셔서 감사합니다."

*남편이 출근할 때 기도합니다.

"하나님, 잘 다녀오게 해 주세요."

*자녀가 등교할 때 기도합니다.

"하나님, 오늘 하루도 지켜 주세요."

※기도가 서서히 생활화되면 구체적으로 기도합니다.

*가족이 밥상 앞에 둘러앉아 기도합니다.

"하나님, 먹을 양식을 주셔서 감사합니다. 이 음식을 먹을 때 독이 되지 않고 약이 되어 우리 가족 오늘 하루 건강하게 생활할 수 있도록 도와주세요."

*출근하는 남편의 손을 잡고 기도합니다. 혹은, 함께 출근하는 부부는 손을 맞잡고 서로를 위해 기도합니다.

"운전하며 회사를 가고 오는 길을 지켜 주시고, 스트레스받는 일 없게 해 주세요. 주님 안에서 보람된 하루 되게 해 주세요."

*학교 가는 자녀들을 꼭 안아주며 기도합니다.

"하나님, 오늘 하루도 선생님 말씀 잘 듣고, 친구들과 다투지 않고, 몸과 마음이 상하는 일 없이 즐거운 학교생활이 되도록 도와주세요."

그리고 마지막에는 "예수님의 이름으로 기도했습니다. 아멘!"으로 맺으면 됩니다. 어떻습니까, 쉽지 않습니까?

생활기도는 이렇게 어렵지 않습니다. 문제는 식구들 앞에서 생활기도를 하려니 창피하고 어색한 나 자신입니다. 그러나 기도는 가족이 아니라 하나님께 하는 것이므로 그분께만 집중하다 보면 창피하고 어색한 마음은 어느 순간 사라집니다. 그러다 보면 담대함이 생겨 하나님을 믿지 않는 남편을 앞에 세워두고 기도하게 됩니다. 믿음 없는 남편은 '쯧쯧!' 혀를 찰지도 모르지만 매일매일 남편을 위해 믿음으로 기도해주다 보면 이런 날이 올 것입니다.

"여보, 기도 좀 해 줘."

어떻게 이런 일이 가능할까요? 매일 아내가 드리는 기도대로 이루어지는 것을 체험하면서 기도의 능력을 알았기 때문입니다.

시애틀에서 집회를 할 때 재미있는 장면을 본 적이 있습니다. 키가 180cm나 되는 듬직한 청년이 키가 작고 비쩍 마른 어머니 품에 머리를 묻는 것이었습니다. 그래서 물었습니다.

"왜 이러는 거죠?"

그러자 청년의 어머니인 권사님께서 이렇게 대답하셨습니다.

"어려서부터 아침마다 기도를 해주었더니 이제는 기도 받지 않으면 밖에 못 나가겠대요."

어릴 때부터 어머니의 기도 속에 자란 청년은 어머니의 기도에 능력이 있음을 알고 매일 기도를 받았던 것입니다. 거룩한 습관이 들었던 것이죠. 그 후 한국에 돌아와 그 청년이 의과대학에 입학했다는 소식을 들었습니다. 그리고 얼마 후에는 결혼을 했다는 소식을 권사님을 통해 들으며 한 가지 재미있는 이야기를 들었습니다.

이 청년이 신혼여행을 떠나기 전에 부인을 옆에 앉혀놓고 또 기도를 해달라고 무릎을 꿇더라는 것입니다. 아이 같은 아들 모습이 하도 우스워서 권사님이 "이제는 아내한테 해달라고 해야지?" 하니 기도에도 경륜이 있다며 끝내 기도를 받고 여행길에 오르더라는 것입니다. 이 청년은 무엇을 알고 있는 것입니까? 그동안 자신이 가는 길을 지키고 인도한 것은 어머니의 기도라는 것을 확실하게 알고 있는 것 아니겠습니까?

생활기도를 실천하십시오. 청년의 어머니인 권사님께서 아들을 품에 안고 매일매일 하루의 생활을 위해 드려준 기도가 바로 생활기도입니다. 그 끊이지 않는 기도를 매일 빠짐없이 들으신 하나님은 청년의 인생을 책임져주셨고, 기도의 능력을 아는 신실한 자녀로 자라게 하신 것입니다.

생활기도는 가정을 화목하고 행복하게 만들어줍니다. 생활기도는 남편, 아내, 자녀의 삶에 안전장치이자 축복을 뿌려주는 것과 같습니다. 생활기도를 꼭 실천하십시오!

영적 능력 기도

삶의 모든 영역에서 예수님을 삶의 주^{Lord}로 모시는 방편이 생활기도라면, 영적 능력의 기도는 삶의 현장이나 영적으로 일어나는 여러 가지 문제들을 기도로 해결 받는 기도를 말합니다. 이 영적인 기도는 의인만이 할 수 있습니다. 의인에게 역사하는 능력이 크기 때문입니다. 야고보서 기자는 말합니다.

너희 중에 고난 당하는 자가 있느냐 그는 기도할 것이요 즐거워하는 자가 있느냐 저는 찬송할지니라 너희 중에 병든 자가 있느냐 그는 교회의 장로들을 청할 것이요 그들은 주의 이름으로 기름을 바르며 그를 위하여 기도할지니라 믿음의 기도는 병든 자를 구원하리니 주께서 그를 일으키시리라 혹시 죄를 범하였을지라도 사하심을 받으리라 그러므로 너희 죄를 서로 고백하며 병이 낫기를 위하여 서로 기도하라 의인의 간구는 역사하는 힘이 큼이니라 약 5:13-16

  말씀을 보면 병든 자가 생길 경우 장로^{지금의 목사를 뜻함}를 초청하여 병 낫기를 기도하라고 합니다. 이유는 믿음이 있는 의인의 기도는 병을 낫게 하는 능력이 있기 때문입니다. 그렇다면 의인이란 누구를 말하는 것일까요? 야고보서 5장 15절에 말씀한 '믿음의 기도'와 16절의 '의인의 간구'는 같은 의미로서 즉, 의인은 '믿음의 사람'을 말하는 것입니다. 구약의 아브라함은 하나님으로부터 믿음으로 의롭다 칭함을 입었습니다. 그는 바랄 수 없는 상황 중에도 바라고 믿었기 때문입니다.

아브라함이 바랄 수 없는 중에 바라고 믿었으니 이는 네 후손이 이 같으리라 하신 말씀대로 많은 민족의 조상이 되게 하려 하심이라 그가 백 세나 되어 자기 몸이 죽은 것 같고 사라의 태가 죽은 것 같음을 알고도 믿음이 약하여지지 아니하고 믿음이 없어 하나님의 약속을 의심하지 않고 믿음으로 견고하여져서 하나님께 영광을 돌리며 약속하신 그것을 또한 능히 이루실 줄을 확신하였으니 그러므로 그 것이 그에게 의로 여겨졌느니라 롬 4:18-22

그렇다면 아브라함만 의인이 될 수 있는 걸까요? 그렇지 않습니다. 신약에서는 나의 죄를 지고 그 죄의 값을 대신 치러주신 예수 그리스도를 구주로 믿는 사람은 누구나 다 의인이라고 말합니다.

그에게 의로 여기셨다 기록된 것은 아브라함만 위한 것이 아니요 의로 여기심을 받을 우리도 위함이니 곧 예수 우리 주를 죽은 자 가운데서 살리신 이를 믿는 자 니라 예수는 우리가 범죄한 것 때문에 내줌이 되고 또한 우리를 의롭다 하시기 위 하여 살아나셨느니라 롬 4:23-25

그러므로 의인의 기도는 주님께서 받으시고 응답하십니다. 병든 자를 위하여 믿음으로 기도하면 주님이 그 믿음대로 병을 낫게 하십니다. 저는 이것을 '영적 능력의 기도'라고 표현합니다.
영적 능력의 기도 핵심 요소는 역시 '믿음'입니다. 예수님은 그 기도에 담긴 믿음에 따라 역사하시기 때문입니다. 그러므로 예수를 구주로 믿는 성도라면 누구든지 영적 능력의 기도를 드릴 수 있는 것입니다. 그리고 예수님은 성도 누구든 믿음의 기도를 드린다면 능력으로 응답해 주신다고 약속하셨습니다.

너희가 내 이름으로 무엇을 구하든지 내가 행하리니 이는 아버지로 하여금 아들로 말미암아 영광을 받으시게 하려 함이라 내 이름으로 무엇이든지 내게 구하면 내가 행하리라 요14:13,14

영적 능력의 기도는 어떻게 해야 하나요?

• 끈질기게 기도하라

기도를 생활화하게 되고 기도가 깊어지면서 영적 기도의 단계로 넘어가게 됩니다. 영적 기도의 단계로 넘어갔다는 것은 끊임없이 기도하는 동안 희미했던 믿음이 확실해지고, 하나님과 친밀해졌다는 증거가 됩니다. 더 나아가 하나님과 친밀해졌다는 것은 하나님께 믿음으로 무언가를 요청하고 부탁할 수 있게 되었다는 것을 말합니다. 사람도 친밀감이 쌓이는 동안 신뢰도 쌓여야 무언가를 부탁할 수 있는 것처럼 말입니다.

그런데 너무나 감사한 것은 예수님께서 기도할 때의 한 가지 좋은 팁Tip을 주셨다는 것입니다.

예수께서 한 곳에서 기도하시고 마치시매 제자 중 하나가 여짜오되 주여 요한이

자기 제자들에게 기도를 가르친 것과 같이 우리에게도 가르쳐 주옵소서…또 이르시되 너희 중에 누가 벗이 있는데 밤중에 그에게 가서 말하기를 벗이여 떡 세 덩이를 내게 꾸어 달라 내 벗이 여행 중에 내게 왔으나 내가 먹일 것이 없노라 하면 그가 안에서 대답하여 이르되 나를 괴롭게 하지 말라 문이 이미 닫혔고 아이들이 나와 함께 침실에 누웠으니 일어나 네게 줄 수가 없노라 하겠느냐 내가 너희에게 말하노니 비록 벗됨으로 인하여서는 일어나서 주지 아니할지라도 그 간청함을 인하여 일어나 그 요구대로 주리라 눅 11:1,5-8

위의 성경 말씀을 보면 1절에 예수님의 제자 중 하나가 예수님께 기도를 가르쳐 달라고 합니다. 그러자 예수님이 비유를 들어 말씀하셨습니다.

어떤 사람이 밤에 친구가 찾아왔으나 먹일 것이 없어 가까이 사는 친구를 찾아가 문을 두드렸습니다.

"이보게, 빵 세 덩이만 좀 꾸어주게."

그러나 이미 문을 굳게 닫고 아이들과 잠을 자고 있던 친구는 거절했습니다. 하지만 친구의 거절에도 불구하고 남자는 계속 문을 두드리며 간청했습니다. 얼마나 끈질기게 문을 두드리며 간청을 하는지 결국 남자의 친구는 일어나 그에게 빵 세 덩이를 꾸어주었습니다.

예수님의 비유는 바로 이것을 말씀하시는 것입니다. 친구이기 때

33

문에 빵을 빌려준 것이 아니라, 친구의 간청 때문에 빵을 빌려준 것이라는 것입니다. 참고로 우리말 성경에는 같은 말씀이 이렇게 나와 있습니다.

내가 너희에게 말한다. 친구라는 이유만으로는 그가 일어나 빵을 갖다 주지 않을지라도, 끈질기게 졸라대는 것 때문에는 일어나 필요한 만큼 줄 것이다.

눅 11:8 우리말성경

친구라는 이유만으로는 빵을 갖다 주지는 않을 것이나 끈질기게 졸라대는 것 때문에는 줄 것이라는 것입니다. 예수님께서 말씀하신 팁^{Tip}이 바로 이것입니다. 응답받을 때까지 끈질기게 기도하라는 것입니다.

지금까지 막연히 두루뭉술하게 기도 몇 번하고 응답이 없어 기도하는 것을 멈추신 분들은 다시 구체적, 사실적인 내용들을 토설^{吐說}하며 믿음으로 끈질기게 구하시기 바랍니다.

성경에 하나님의 말씀을 끈질기게 붙들고 기도했던 사람이 있습니다. 그 사람은 믿음의 아버지 아브라함입니다. 아브라함은 '네 본토 친척 아비 집을 떠나라'고 했을 때에 아내와 부모가 없는 조카 롯을 데리고 고향을 떠났습니다. 아브라함은 롯을 불쌍히 여겨 어디든 함께 데리고 다녔습니다. 하나님께서는 그들에게 복을 주셨고 재산이 어마어마하게 불어나기 시작했습니다. 그러다 보니 문제가 생겼습니다. 두 사람 모두 가축들이 너무 많다 보니 함께 풀어놓고 먹일 초장은 어디든 비좁았고, 두 사람의 종들은 매번 초장을 놓고 다툼을 벌였습니다.

고민 끝에 아브라함이 롯에게 말했습니다.

"이제 헤어질 때가 된 것 같구나. 네가 오른쪽으로 가면 내가 왼쪽으로 가고, 네가 왼쪽으로 가면 내가 오른쪽으로 갈 테니 네 마음대로 선택해 보거라."

아브라함은 롯에게 먼저 기회를 주었고, 롯은 냉큼 기름진 좋은 땅을 선택해 아브라함의 품을 떠났습니다. 자식이 없어 자식 이상으로 키웠던 조카 롯이 떠나자 마음이 쓸쓸해 있는 아브라함에게 하나님의 음성이 들려왔습니다.

"아브라함아! 눈을 떠 동서남북을 바라보아라."

아브라함은 눈을 들어 끝까지 펼쳐진 동서남북을 바라보았습니다. 그러자 하나님이 말씀하셨습니다.

보이는 땅을 내가 너와 네 자손에게 주리니 영원히 이르리라 내가 네 자손이 땅의 티끌 같게 하리니 사람이 땅의 티끌을 능히 셀 수 있을진대 네 자손도 세리라 너는 일어나 그 땅을 종과 횡으로 두루 다녀보라 내가 그것을 네게 주리라

창 13:15-17

그렇게 헤어진 아브라함과 롯은 각자의 터전에서 열심히 살았습니다. 그런데 어느 날 하나님께서 소돔과 고모라 땅의 엄청난 죄악들을 보시고 아브라함에게 그곳을 멸하시겠다고 말씀하셨습니다. 그러자 소돔과 고모라에 조카 롯이 살고 있는 아브라함은 다급한 마음으로 하나님께 기도했습니다.

"하나님, 주께서 악인들과 함께 의인들도 쓸어버리려 하시나이까? 소돔과 고모라 땅에 의인 오십 명이 있어도 용서하시지 않고 정말 다 쓸어버리시겠습니까?"

하나님께서는 의인 오십 명만 있어도 멸하지 않겠다고 약속하셨습니다. 하지만 아브라함은 불안했습니다. 그래서 다시 기도합니다.

"하나님, 오십 명에서 다섯 명이 부족해도 멸하시겠습니까?"

하나님이 대답하십니다.

"내가 거기서 마흔다섯 명이라도 찾으면 멸하지 아니하리라."

아브라함이 잠시 후 또 기도하며 묻습니다.

"혹시 거기서 마흔 명만을 찾으신다면 어떻게 하시겠습니까?"

하나님은 계속된 질문에도 노하지 않으시고 대답하십니다.

"내가 거기서 마흔 명만을 찾아도 멸하지 아니하리라."

아브라함은 삼십 명, 이십 명, 열 명까지 낮추어 하나님께 기도하였습니다. 그러자 하나님께서는 아브라함의 바람대로 의인 열 명만 찾아도 멸하지 않으시겠다고 약속하셨습니다.

드디어 재앙이 임하는 그날 밤에 하나님이 롯에게 천사를 보내셨습니다.

"너는 속히 너의 가족을 이끌고 이곳을 피하라. 절대로 돌아보거나 들에 머물거나 하지 말고 산으로 도망하여 멸망함을 면하라."

롯의 가족이 도망을 갑니다. 하늘에서는 유황불이 비처럼 쏟아져 내리고 온 평지와 성읍과 땅에 자라는 것들이 뒤집어엎어지고 있었습니다. 무시무시합니다. 그때 롯의 아내가 두고 가는 집과 각종 세상 것에 대한 미련 때문에 뒤를 돌아봅니다. 그 순간 절대 뒤를 돌아보지 말라는 말씀을 어긴 롯의 아내는 딱딱한 소금 기둥으로 변하고 말았습니다. 그녀의 남편 롯과 딸들은 순간 멈칫했지만 끝까지 뒤를 돌아보지 않고 성을 빠져나가 살아남았습니다.

이들이 이렇게 살아남을 수 있었던 건 누구 때문이었습니까? 아브라함 때문이었습니다. 더 정확히 말해 아브라함의 기도 때문이었습니다. 이렇게 아브라함의 끈질긴 기도가 조카 롯을 구원받게 한 것처럼 나의 끈질긴 기도로 하나님을 모르는 내 남편, 내 아내가 구원을 받을 수 있습니다. 나의 끈질긴 기도로 세상에서 방황하는 자녀가 회개하며 돌아옵니다. 나의 끈질긴 기도로 교회는 죽어도 가지 않겠다던 전도 대상자가 항복하며 교회에 나오게 됩니다.

그런데 이렇게 끈질기게 기도하다 보면 내게도 유익입니다. 나 자신이 더욱 성령 충만해지고, 내 영은 날로 강하여지며, 날마다 나와 동행하시는 하나님을 느낄 수 있어 더욱 행복합니다.

응답받을 때까지 끈질기게 기도하십시오. 믿음이 있는 끈질긴 기도는 하나님도 항복하게 만듭니다.

• 말씀을 붙들고 기도하라

애굽에서 종살이하던 이스라엘 백성들을 출애굽 하도록 이끈 지도자 모세는 이스라엘 백성들이 우상을 섬겨 하나님의 진노를 사게 되었을 때에 하나님의 말씀을 붙들고 기도했습니다.

여호와여! 어찌하여 주님의 백성에게 노여워하십니까? 주님께서는 크신 능력과 힘으로 이 백성을 이집트에서 인도해 내시지 않으셨습니까? 만약 주님께서 노하시면 이집트 백성이 여호와가 이스라엘 백성을 이집트에서 인도해 낸 것은 그들을 산에서 죽이고 이 땅 위에서 멸망시키기 위해서였구나 하고 말할 것 아닙니까? 그러니 노여움을 거두어 주십시오 주의 백성에게 재앙을 내리지 마십시오 주의 종인 아브라함과 이삭과 이스라엘을 기억해 주십시오 주님께서는 그들에게 내가 너희 자손을 하늘의 별처럼 많게 할 것이다 그리고 내가 약속한 이 모든 땅을 너희 자손에게 주어 그 땅을 영원히 물려받게 할 것이다 하고 주님 자신을 걸고 맹세하지 않으셨습니까? 출 32:11-13 쉬운성경 그러자 하나님께서 마음을 돌리셨습니다.

너는 네가 이집트에서 인도해 낸 백성과 함께 이 땅을 떠나서 내가 아브라함과 이삭과 야곱에게 내가 너희 자손에게 이 땅을 주겠다고 맹세한 땅으로 가거라 내가 너를 인도할 한 천사를 보내주겠다 젖과 꿀이 흐르는 비옥한 땅으로 올라가거라 하지만 나는 너희와 함께 가지 않을 것이다 왜냐하면 너희는 너무나 고집이 센 백성이라서 내가 그리로 가는 도중에 너희를 멸망시킬지도 모르기 때문이다
출 33:1-3 쉬운성경

이스라엘 백성들은 이 절망적인 소식에 큰 소리로 울며 슬퍼했고, 모세는 하나님께 또다시 기도했습니다.

주님께서 친히 저희와 함께 가지 않으시려면 저희를 이곳에서 올려 보내지 마십시오 주님께서 저희와 함께 가시지 않으면 주님께서 저와 주님의 백성에게 은혜를 베푸신다는 것을 어떻게 알겠습니까? 주님이 우리와 함께 계시기 때문에 주님의 백성이 땅 위의 다른 백성과 다른 것이 아닙니까? 출 33:15-16 쉬운성경

그러자 하나님께서는 모세의 기도에 응답하셨습니다.

네가 원하는 대로 해 주겠다 그것은 내가 너를 너무나 잘 알고 또 너는 내게 은혜

를 입은 사람이기 때문이다 출 33:17 쉬운성경

결국 하나님은 모세 때문에 마지못해 그들과 동행하셨습니다. 기도의 능력은 이런 것입니다. 말씀을 붙잡고 믿음으로 기도할 때 주님도 응답하실 수밖에 없는 것입니다. 혹여 못마땅할지라도 하나님은 자신이 말씀하신 언약을 지키시는 분이십니다. 그러므로 좌로나 우로나 치우쳐 살았을지라도 어려움을 당하면 하나님 앞에 나와 회개하고 기도해야 합니다.

"하나님, 그동안 제가 주님을 멀리해서 죄송해요."

"하나님, 그동안 예배에 참석하지 않고, 기도도 하지 않아서 이런 어려움을 만난 것 같습니다. 하나님 용서해 주십시오."

이렇게 진심으로 회개하고 돌아오면 하나님께서 내치지 않으시고 용서해주십니다. 그런 후 말씀을 붙잡고 하나님께 기도하는 것입니다. 그런데 간혹 염치가 없어 하나님께 기도하지 못하겠다는 분들이 있습니다. 그건 몰라서 하는 소리입니다. 하나님은 그럴수록 더 간구하시기를 원하십니다.

성경 말씀은 하나님의 약속입니다. 이 말씀을 붙들고 기도해야 합니다. 그러기 위해서는 말씀을 읽고, 그 뜻을 알고, 어느 때든 꺼내 사용할 수 있도록 말씀을 암송하는 것이 좋습니다.

어떤 사람은 매일 오랜 시간 기도하는 것 같은데 열매를 맺지 못하는 것을 봅니다. 이유가 있습니다. 사단이 기도의 열매를 맺지 못하도록 방해하기 때문입니다. 사단은 깊이 기도에 들어가지 못하도록 머릿속에 이런저런 생각을 집어넣습니다.

그렇게 되면 기도하는 사람은 생각 따로, 기도 따로가 됩니다. 자신이 무슨 기도를 하는지도 모르고 계속 되풀이하여 중얼거리기만 한다는 뜻입니다. 그것이 사단의 속임수인 줄 모르는 사람은 오랜 시간 기도했다는 만족감에 사로잡혀 집으로 돌아갑니다. 참으로 안타까운 일이 아닐 수 없습니다.

만약 여러분의 아들이나 딸이 매일같이 쓸모없는 말을 많이 하는 것도 모자라 그 말을 자꾸 되풀이한다면 어떻겠습니까? 아마 제발 그만 좀 하라고 화를 낼지 모릅니다.

마찬가지로 여러분들이 새벽마다 하나님께 나아가 입에 배인 빈말과 의미 없는 말들을 그것도 쉬지 않고 주절주절 되풀이 한다면 주님은 뭐라고 하실까요? '새벽에 이렇게 수고하여 나온 건 기쁘다만 네 기도 소리는 듣기가 힘들구나!'라고 하시지 않을까요?

그래서 예수님께서는 이렇게 못 박아 말씀하셨습니다.

41

또 기도할 때에 이방인과 같이 중언부언하지 말라 그들은 말을 많이 하여야 들으실 줄 생각하느니라 마 6:7

중언부언하지 말라고 하셨습니다. 말을 많이 해야 하나님께서 들으시는 줄 아는데 그렇지 않다는 것입니다. 그렇다고 해야 할 기도가 있는데도 입을 꾹 다물라는 말씀이 아닙니다. 하나님께서 응답해주실 거란 믿음과 기대도 없으면서 그저 입으로만 "이것 해주십쇼. 저것 해주십쇼." 중얼거리지 말라는 것입니다. 마치 아무 생각 없이 떠드는 앵무새처럼 말입니다. 그런데 이렇게 중언부언 기도를 하는 사람들이 하나같이 하는 말이 있습니다. '나도 기도했는데 하나님이 들어주시지 않는다'는 것입니다.

당연한 것 아닙니까? 믿음도 기대도 없이 입으로만 웅얼거리는 기도에 하나님이 응답하시겠습니까? 중언부언 기도는 일 년이든 십 년이든 아무리 해도 소용 없습니다. 하나님께서 듣지 않으십니다.

중언부언하는 사람들은 스스로 기도에 속는 사람들입니다. 기도가 습관화되면서 그저 '기도하기 위한 기도'를 하는 것뿐입니다. 그런데 더 안타까운 것은 자신이 중언부언 기도를 하고 있다는 것을 모르는 분들이 의외로 많다는 것입니다. 그렇기 때문에 중언부언 기도를 하지 않기 위해서는 성령님의 도우심이 반드시 필요합니다. 오로지 하나님께 집중하여 믿음으로 그분의 뜻에 합당한 기도를 할 수 있도록, 그분이 기쁘게 받으시는 기도를 드릴 수 있도록 성령께서 인도해주실 것을 먼저 구해야 합니다.

한 가지 덧붙이자면, 영적으로 깊이 기도하는 사람도 중언부언으로 기도할 때가 있다는 것입니다. 우리가 하나님께 기도하는 것을 싫어하고 두려워하는 사단이 끊임없이 기도하는 것을 방해하기 때문입니다. 그러므로 자만하지 말고 더욱 깨어 기도해야 합니다.

자신의 기도 소리를 가만히 들어보십시오. 그리고 기도하는 자신을 곰곰이 들여다보십시오. 내가 하나님께 드리는 기도가 중언부언 기도는 아닌지, 믿음도 기대도 없이 기계적으로 빈 말만 되풀이하고 있지는 않은지 말입니다.

영적 능력기도는 구체적, 사실적으로

사람은 아무리 친한 사이라도 완전히 속내를 털어놓지 않습니다. 이미지 손상이나, 흉이 될 만한 말은 하지 않거나 대충 얼버무립니다. 그런데 하나님께도 대충 얼버무려 기도하는 사람들이 있습니다. 그러지 마십시오. 하나님은 우리의 기도를 들으시고 흉을 보거나 야단을 치시는 분이 아니십니다. 아이처럼 꾸밈없이 구체적이고 사실적으로 기도하십시오.

그럼 가족을 예로 구체적이고 사실적인 기도는 어떻게 해야 하는지 살펴보도록 하겠습니다.

• 자녀를 위한 구체적 기도

천사가 그에게 이르되 사가랴여 무서워하지 말라 너의 간구함이 들린지라 네 아내 엘리사벳이 네게 아들을 낳아 주리니 그 이름을 요한이라 하라 너도 기뻐하고 즐거워할 것이요 많은 사람도 그의 태어남을 기뻐하리니 그가 주 앞에 큰 자가 되며 포도주나 독한 술을 마시지 아니하며 모태로부터 성령의 충만함을 받아 이스라엘 자손을 주 곧 그들의 하나님께로 돌아오게 하겠음이라 그가 또 엘리야의 심령과 능력으로 주 앞에 먼저 와서 아버지의 마음을 자식에게 거스르는 자를 의인의 슬기에 돌아오게 하고 주를 위하여 세운 백성을 준비하리라 눅 1:13-17

임신을 계획한 분들은 그 순간부터 기도와 말씀으로 준비해야 합니다. 부모 모두 아이를 가질 수 있는 최적의 몸 상태가 되도록, 부모로서 갖춰야 할 마음가짐과 영적 강건함 등을 위해 하나님께 세세하게 기도해야 합니다. 또한, 임신 사실을 알게 된 어머니들도 그 순간부터 기도해야 합니다.

세례요한처럼 모태에서부터 성령의 충만함을 받도록 기도해야 하며, 태 안에서 건강하게 자랄 수 있도록 열 달 내내 아이의 성장을 기도로 도와야 합니다. 아이가 태어나서도 아이를 위한 기도는 당연히 계속되어야 합니다. 밥과 간식을 먹이듯 말씀을 먹이고, 아이의 나이와 성장에 맞춰 기도로 키워야 합니다. 단, 기도는 사실적이면서도 소망을 담고 있으며 믿음이 담겨 있어야 합니다.

"하나님, 우리 아이가 지금 두 살입니다. 그런데 다른 아이들보다 성장이 조금 더딘 것 같습니다. 말하는 것도 더디고, 걸음도 더디고, 모든 것이 더디게 느껴집니다. 그래서 걱정이 앞섭니다. 하지만 오히려 이 더딤이 이 아이에게 축복이 되게 해주실 것을 믿습니다. 저 또한 걱정하지 않도록 제 마음에 믿음과 평안을 주세요. 비록 지금은 더딜지라도 하나님께서 어디를 가든지 머리가 될 수 있는 총명한 아이로 키워주실 것을 믿습니다."

이제 이 아이가 자라 열아홉 살이 되었다면 열아홉에 맞는 아이의 생각이나 생활, 그리고 비전과 영적 상태를 위해 기도를 해주어야 합니다.

"하나님, 아이가 앞으로 주일에 일찍 학교에 가야 한다고 합니다. 그런데 예배가 우선이라는 걸 알면서도 아이가 고3이라 갈등을 합니다. 저는 아이가 하나님께 대학 문제를 완전히 맡기고 예배를 드리길 원합니다. 고3 내내 예배에 빠지지 않는 하나님이 먼저인 아이가 되기를 원합니다. 그리하여 하나님께 모든 걸 맡겼을 때 가장 좋은 길로 인도 하심을 알게 되기를 원하옵나이다. 하나님, 아이가 주일날 학교에 가지 않고 예배를 드릴 때 마음에 평안을 주시옵고, 건강한 고3 생활이 되게 하옵소서."

이렇게 매일 구체적으로 기도하며 하나님께 맡긴 아이는 하나님께서 책임지고 이끌어 가십니다. 그때그때 길을 열어주시고, 지혜를 주시고, 앞에 닥친 산 같은 문제를 치워주십니다. 그러므로 남들은 키우기 어렵다고 하는 자녀를 하나님께 맡긴 부모는 안전하고 즐겁게 자녀를 키울 수 있는 것입니다. 자녀는 여호와 하나님이 주신 기업입니다. 소망과 비전을 품고 매일매일 구체적, 사실적으로 기도해주십시오. 매일의 기도야말로 자녀를 키우는 데 있어 가장 탁월한 방법임을 눈으로 보게 될 것입니다.

• 남편을 위한 구체적 기도

"하나님, 남편이 성실하게 일은 하지만 가는 회사마다 어려워져 또 실직 상태가 되었습니다. 상심한 남편의 마음을 위로하여 주시고, 실직의 염려가 없는 탄탄한 평생직장을 허락하여 주시옵소서."

"주여! 우리 남편 성질이 물 끓듯 합니다. 툭하면 언어폭력에 육체적 폭력까지 가합니다. 술까지 마시고 들어오는 날에는 제가 살 수가 없을 정도입니다. 그래서 남편 때문에 마음의 병인 우울증까지 생겼습니다. 하나님, 남편의 마음이 온유해지도록 만져주셔서 저와 가족 모두가 평안함을 누리게 하옵소서.”

“하나님, 저의 남편이 하나님을 모릅니다. 그래서 하나님을 믿는 저를 핍박합니다. 어떤 날은 교회조차 가지 못하도록 막아섭니다. 하나님, 우리 남편을 불쌍히 여겨주셔서 자녀 삼아주시고 구원하여 주옵소서.”

아무리 미운 남편이라도 기도해야 합니다. 미운 데다 하나님까지 믿지 않고 있다면 더 기도해야 합니다. 아주 구체적이고 사실적으로 왜 미운지, 무엇이 문제인지, 남편을 바라보는 나의 심정까지 하나님께 기도하십시오. 하나님께 말 못할 것이 뭐가 있겠습니까!

실제로 어떤 분들은 그런 것까지 세세하게 기도하느냐, 혹은 사람이 염치가 있지 믿지도 않는 남편 위해 어떻게 직장 문제까지 해결해달라고 할 수 있겠냐며 기도를 하지 않는 분들이 있습니다. 그러나 이 역시 몰라서 하는 소리입니다.

하나님은 이미 우리의 모든 형편을 알고 계십니다. 그럼에도 하나님은 낱낱이 솔직하게 간구하길 원하십니다. 그러니 절박함 앞에서 가슴 치며 답답해하지 말고 하나님께 기도하십시오. 남편을 위한 기도마다 아름다운 열매를 맺을 것입니다.

구체적이고 사실적인 기도에 도움이 되는 방법들

• 기도 노트 활용하기

구체적이고 사실적인 기도에 도움이 되는 방법이 있습니다. 기도 노트를 작성하는 것입니다.

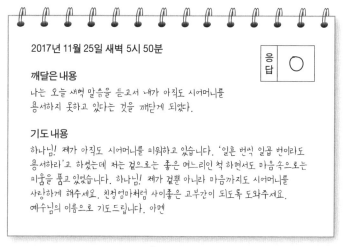

2017년 11월 25일 새벽 5시 50분

깨달은 내용
나는 오늘 새벽 말씀을 듣고서 내가 아직도 시어머니를 용서하지 못하고 있다는 것을 깨닫게 되었다.

기도 내용
하나님! 제가 아직도 시어머니를 미워하고 있습니다. '일흔 번씩 일곱 번이라도 용서하라'고 하셨는데 저는 겉으로는 좋은 며느리인 척 하면서도 마음속으로는 미움을 품고 있었습니다. 하나님! 제가 겉뿐 아니라 마음까지도 시어머니를 사랑하게 해주세요. 친정엄마처럼 사이좋은 고부간이 되도록 도와주세요. 예수님의 이름으로 기도드립니다. 아멘

응답 ○

※기도 노트의 사용법은 위 그림을 참고하시면 됩니다.

기도 노트는 먼저 기도한 날짜와 시간을 기록합니다. 그리고 기도했던 내용이나, 기도할 내용을 자세하게 기록하면 됩니다. 중요한 것은 기도 노트에 기도를 작성할 때에도 반드시 '예수님의 이름으로 기도했습니다. 아멘!'으로 끝맺음을 해야 합니다.

그리고 응답받은 기도는 응답란에 표기를 합니다. 표기는 동그라미든 별☆표든 상관없습니다. 본인이 식별할 수 있는 표기라면 어느 것이든 좋습니다.

응답란에 표기를 하는 이유는 훗날 기도 노트를 펼칠 때마다 하나님께서 응답하신 내용을 쉽게 확인할 수 있기 때문입니다. 무엇보다 하나님의 사랑과 은혜의 감격을 두고두고 누릴 수 있으며, 하나님이 나와 항상 동행하셨던 그때를 잊지 않고 감사할 수 있기 때문입니다.

그런데 혹 이런 의문을 갖는 분도 있을 것입니다. "노트에 글로 기도를 쓰는데도 하나님이 들어주시나요?" 그렇습니다. 글로 기도하는 중에도 하나님은 함께 하시며, 하나님의 뜻에 따라 응답하십니다. 그러므로 단순히 기도한 내용이나, 기도해야 할 내용을 기록한다는 마음으로 기도 노트를 작성하지 않아야 합니다. 실제 하나님 앞에 무릎 꿇고 기도하는 심정으로 작성해야 합니다.

• 기도 쪽지 활용하기

'기도는 이런 것이며, 이렇게 하는 것이다'라는 체험이나 설명을 들을 때에는 기도를 잘 할 수 있을 것 같지만 막상 시작하려면 쉽지 않아 포기하는 분들이 있습니다. 그런 분들에게는 '기도 쪽지'를 권합니다. 문구점에 가면 포스트잇^{post it}이라고 있습니다. 쉽게 떼어 어느 곳에나 붙일 수 있는 접착식 메모지입니다. 이 붙임쪽지에 기도해야 할 내용을 써서 여기저기 눈에 잘 띄는 생활공간에 붙여 놓습니다. 그리고 틈날 때마다 읽습니다.

그렇게 쪽지가 보일 때마다 기도 내용을 읽다 보면 기도가 입에 배이게 되면서 기도에 자신감이 생기고, 점차 기도 쪽지 없이도 은혜롭게 기도를 할 수 있게 됩니다.

• 성경 말씀 붙들고 기도하기

가장 안전하고 확실한 기도는 성경 말씀을 토대로 하는 기도입니다. 예수님께서도 구약 말씀을 중심으로 기도와 설교를 하셨고, 신약시대 신앙의 거장들도 말씀을 중심으로 설교하고 기도하였습니다. 기도에는 육신적인 고백과 영적인 고백이 있습니다. 생활의 현실에 관한 사실적인 기도를 '육신적인 고백'이라고 표현한다면, 성경 말씀을 토대로 기도하는 것을 '영적인 고백'이라고 할 수 있습니다. 성경의 말씀이 나의 고백이 되면서 기도가 깊어지고 뜨거워져 하나님과 영적으로 깊은 교제를 나누기 때문입니다.

기도할 때 인용하기 가장 좋은 말씀은 다양한 고백으로 이루어져 있는 시편입니다. 시편에는 주로 다윗 왕의 시와 기도문이 많으며 솔로몬, 히스기야의 고백과 간구가 들어 있습니다.

저는 늘 기도의 시작을 시편 23편 1절 말씀으로 시작합니다.

"'여호와는 나의 목자시니 내게 부족함이 없으리로다'라고 하신 하나님 아버지, 이 하루도 저에게 부족함이 없는 하루가 되게 하옵소서."

이렇게 말씀을 기도의 키Key로 사용하여 이어가다 보면 기도하기가 훨씬 수월해지고 은혜로워집니다.

다음은 성경 말씀을 인용한 기도의 예입니다.

ⅰ.

시 15:1 "기도를 들으시는 주여! 오늘도 주의 성산에 오르는 자가 복이 있다고 하셨으니 제가 주의 전에 엎드려 기도할 때에 주님이 문을 여시고 들어 주옵소서."

시 18:1 "나의 힘이 되신 여호와여 내가 주님을 사랑합니다. 주는 나의 방패시요, 나의 구원자, 나의 뿔이 되심을 믿습니다. 그 능력의 지팡이를 높이 들어 나의 길을 열어 주옵소서."

수 6장 "여호수아에게 여리고성을 무너뜨릴 수 있는 믿음을 주셨던 주님! 이 시간 귀를 여시고, 제 고백을 들어 주옵소서."

시 78 "하늘 문을 여시고 저의 고백을 귀 기울여 들으시는 주여! 오늘도 응답하시는 주님을 찬송합니다."

ii .

"하나님, 돈이 없어요. 이렇게 저렇게 쓸데도 많은데 너무 힘들어요."

위의 기도를 말씀을 인용한 기도로 바꾸면 아래와 같습니다.

시 119:71 "고난 당한 것이 네게 유익이라 말씀하신 하나님 아버지, 제가 전에는 어려운 생활로 불평불만 했으나 이제는 고난을 통해 내 발걸음을 바른길로 걷게 하시니 감사합니다."

시 120:1 "환난 중에 부르짖으라고 말씀하신 주여! 제가 지금 고난 중에 너무 힘이 들어 기도합니다. 가정에 평안도 없고 재정도 어렵습니다. 하나님, 제가 고통 중에 부르짖으니 응답해 주옵소서."

iii . 전도하러 가기 전 기도입니다.

"하나님, '복음을 증거하려 함에는 나의 생명을 조금도 귀한 것으로 여기지 아니하겠노라'행20:24 라고 고백한 바울 선생과 같이 이 하루도 복음 앞에 저의 삶을 드리는 충성된 하루를 살기 원합니다. 이 시간 복음을 전하기 위하여 이웃집에 가려고 합니다. 그런데 아주머니가 보통 강한 사람이 아닌 것 같습니다. 어떤 말을 해도 당신 말만 하고 좀처럼 마음이 움직이지 않습니다. 사무엘의 말씀을 하나도 땅에 떨어지지 않게삼상3:19 하셨던 하나님의 능력으로 저의 입술에 권세를 주셔서 오늘 제가 이웃집 아주머니를 쳐다만 봐도 그분의 마음이 녹게 하시고, 저에게 할 말을 지혜롭게 주셔서 그를 반드시 예수 믿는 사람으로 바꿔놓을 수 있는 능력 있는 말씀 되게 하옵소서.”

이렇게 먼저 기도를 하고 집을 나섭니다. 그리고 이웃집의 문을 노크하고 기다리는 동안에도 “주여! 나올 때부터 하나님의 능력이 시작될 줄로 믿습니다.” 하고 기도합니다. 이렇게 기도로 전도할 준비를 하면 마음이 담대해지고, 하나님께서 입술에 지혜를 주실 것입니다.

중요한 것은 성경 말씀을 상황에 맞게 적절히 인용하기 위해서는 성경 말씀을 나의 말씀으로 만들어 놓아야 한다는 것입니다. 성경책을 펼치지 않아도 기도에 필요한 말씀이 즉시 생각나도록 말입니다. 특히 시편은 기도할 때 인용하기 참 좋기 때문에 자주 읽고 암송하면 도움이 될 것입니다.

문제가 보일 때 즉시 기도하고 통곡하며

저는 늦게 신학을 했습니다. 많은 목회자들은 20대에 목회를 시작해 어느 정도 교회나 목회가 안정되어 가는 데 반해 저는 40대에 목회를 준비하니 기도할 수밖에 없었습니다.

"하나님, 진정한 복음을 전하는 교회를 세우겠습니다. 저에게 갑절의 능력을 부어 주세요. 엘리사가 스승인 엘리야에게 주셨던 능력을 갑절로 달라고 기도해 그 시대의 어려움을 이기게 하셨던 것처럼 저에게도 그런 능력을 주옵소서."

산에 올라가 열심히 기도했습니다. 그런데 함께 산에 올라 기도하던 신학생들이 하나둘씩 내려가기 시작하는 것이었습니다. 저도 사실 그만 내려갔으면 좋겠는데 내려갈 수가 없었습니다. 젊은 신학생들은 많은 사람들이 함께 기도하며 돕는 중에 있었지만 저는 나이도 꽤 많고 홀로 싸워야 한다는 생각에 도저히 내려갈 수가 없었던 것입니다. 저는 기도하고 또 기도할 수밖에 없었습니다.

"하나님, 저는 늦게 시작해 준비할 시간도 없고, 뭔가 제대로 해 볼 만한 시간도 없습니다. 어떻게 하면 좋겠습니까? 주여! 저를 불쌍히 여겨 주옵소서."

더 큰 은혜와 능력을 받기 위해 더 간절히 매달리다 보니 늦게까지 기도하기 일쑤였습니다. 기도하다 보면 애통하는 마음이 차고 올라와 기도는 통곡이 되어 나왔습니다. 그런데 성경에도 나와 같은 절박한 심정으로 기도하고 통곡하던 사람이 있었습니다.

그 사람은 한나_{선지자 사무엘의 어머니}라는 여인이었습니다. 그녀의 남편 엘가나에게는 한나 외에 브닌나 라는 부인이 한 명 더 있었습니다. 한 지붕 아래 남편 하나, 부인이 둘이었던 것입니다.

브닌나에게는 아들딸들이 있었습니다. 반면 한나는 자식을 낳지 못했습니다. 남편 엘가나가 자신보다 더 사랑하는 한나를 브닌나는 질투하며 비웃고 조롱하는 등 마음에 고통을 주었습니다. 특히 매년 남편 엘가나가 성전에 올라가 제사를 드릴 때마다 한나에게만 제물을 갑절로 주는 날에는 브닌나는 더욱 한나를 괴롭혔습니다.

아마도 '아이도 낳지 못하는 주제에!' 하며 아픈 곳을 건드렸을 것입니다. 그때마다 한나는 목이 메어 먹지도 못하고 울기만 했습니다. 영문을 모르는 엘가나는 왜 먹지 않고 울기만 하냐며 그녀를 달랬습니다. 한나가 우는 이유를 엘가나가 모르는 걸 보면 한나는 혼자서 브닌나에게 받는 고통을 견뎠던 모양입니다.

이날도 엘가나의 가족들은 제사를 드리기 위해 실로에 갔습니다. 브닌나는 한나를 어김없이 매우 격분시켰고, 참다못한 한나는 비통한 심정으로 하나님 앞에 나아갔습니다.

한나가 마음이 괴로워서 여호와께 기도하고 통곡하며 삼상1:10

한나는 마음이 괴로워서 하나님께 기도하고 통곡했습니다. 숨을 쉴 수 없을 만큼 가슴이 짓눌려 답답하고 괴로워 견딜 수가 없었습니다. 그렇다면 한나는 그동안 마음이 괴롭지 않았다는 말일까요? 아닙니다. 그녀는 임신도 되지 않는 데다 브닌나까지 견딜 수 없게 만들어 마음이 괴로웠습니다. 하지만 참을 수 있었던 것은 남편 엘가나가 몹시 사랑해주었기 때문입니다. 그러나 이제 남편의 사랑만으로는 견딜 수 없을 만큼 마음이 극도로 괴로웠던 것입니다.

그리고 또 하나, 한나는 그동안 그렇게 괴로웠는데도 기도하지 않았을까요? 아닙니다. 그녀는 기도했을 것입니다. 단, 한나는 기도하고 통곡할 정도의 갈급함으로 하나님을 찾지 않았던 것 같습니다. 이유는 역시 위로해주고 힘이 되어주는 남편의 사랑이 있었기 때문입니다.

우리는 이런 한나의 모습과 참 많이 닮은 것 같습니다. 한나처럼 한계에 다다라 더는 괴로워 견딜 수 없을 때에야 기도하며 통곡하는 모습이 말입니다. 그리고 내가 조금이라도 믿을 만한 구석이 있으면 간절하게 기도하지 않는 모습이 참 많이 닮았습니다.

그런데 여기서 기도란 단순히 중언부언의 기도가 아니라 가슴으로 부르짖는 기도를 말합니다. 하나님의 주권을 인정하고 부르짖는 기도 말입니다.

한나에게는 이렇게 부르짖는 기도가 필요했고, 해야만 했습니다. 하나님이 한나의 가슴으로 부르짖는 기도를 원하셨기 때문입니다. 그러나 한나는 현재의 고통에도 부르짖는 기도를 하지 않았습니다. 그러면 그럴수록 브닌나의 괴롭힘은 날로 심해져만 갔습니다.

우리도 때론 한나일 때가 있습니다. 하나님께 부르짖어야 할 때 부르짖지 않고 상황에 치여 고통의 눈물만 흘릴 때가 있습니다. 그러면 그럴수록 브닌나 같은 시련들이 더 찾아와 못 견뎌 하는 한나일 때가 있습니다. 한나를 보면 알 수 있듯이 하나님은 우리가 부르짖어야 할 때 부르짖지 않으면 상황이 더 악화되더라도 침묵하십니다. 우리가 괘씸하고 미워서가 아닙니다. 그래야지만 우리가 한나처럼 기도의 자리에 나와 기도하며 통곡하기 때문입니다. 그래야지만 하나님께서 위로하시고 문제를 해결해주실 수 있기 때문입니다. 이렇게 기도하고 통곡하고 집에 돌아간 한나에게 하나님께서는 간절히 바라던 선물을 주셨습니다.

여호와께서 그에게 임신하지 못하게 하시므로 그의 적수인 브닌나가

그를 심히 격분하게 하여 괴롭게 하더라 삼상 1:6

⋮

한나가 마음이 괴로워서 여호와께 기도하고 통곡하며 삼상 1:10

⋮

엘리가 대답하여 이르되 평안히 가라 이스라엘의 하나님이 네가 기도하여

구한 것을 허락하시기를 원하노라 하니 삼상 1:17

⋮

한나가 임신하고 때가 이르매 아들을 낳아 사무엘이라 이름하였으니

이는 내가 여호와께 그를 구하였다 함이더라 삼상 1:20

한나가 진작 아이를 낳지 못하는 문제가 생겼을 때 하나님 앞에 나아가 통곡하며 가슴으로 부르짖었다면 어떠하였겠습니까? 브닌나가 몹시 견딜 수 없게 괴롭히기 전에 말입니다.

문제가 보였을 때 즉시 하나님께 기도해야 합니다. 사업이 좀 어려워지려는 기미가 보일 때 사람 방법으로 해결할 생각하지 말고 즉시 하나님 앞에 나아가 기도하며 통곡해야 합니다. 얌전했던 자녀가 엇나가는 기미가 보일 때 '괜찮아지겠지' 안일한 생각을 하지 말고 즉시 하나님 앞에 나아가 기도하며 통곡해야 합니다.

이 밖의 모든 문제 앞에서 하나님께 기도하는 걸 미루지 말아야 합니다. 하나님께 온전히 의지하여 문제를 맡기는 기도, 부르짖는 기도를 해야 합니다. 한나가 아이를 빌미 삼아 브닌나에게 괴롭힘을 당했던 것처럼 더한 고통을 받기 전에 말입니다.

지금 고난으로 마음이 고통스러워도 부르짖지 않는 분이 있으십니까? 그렇다면 곰곰이 생각해 보십시오. 한나는 남편의 사랑이라는 위로가 있어 하나님께 부르짖지 않았다면, 나는 과연 무엇에 위로를 받고 있어 하나님께 부르짖지 않는지 말입니다.

기도의 유산을 물려주세요

기도하는 어머니가 되십시오. 야곱도, 세례 요한도 태중에서부터 어머니의 기도 속에 자랐습니다. 또한, 세상에서 위대한 인물로 꼽히는 사람들은 대부분이 어머니의 기도 속에서 자랐습니다.

아기를 잉태하신 분은 매일 배 위에 손을 얹고 기도하십시오. 수시로 기도하십시오. 아이의 태동을 느낄 때마다 기도하십시오.

"하나님, 이 아이의 눈, 코, 입과 손가락, 발가락과 모든 장기들을 보호하여 주시고, 순산하게 해 주세요. 태어나서는 지혜롭고, 총명하고 건강하게 자라게 해주시고, 큰 믿음과 지혜와 명철을 주셔서 나라와 민족, 열방까지 영향력을 미치는 하나님의 사람이 되게 해 주세요. 그리고 모든 이들에게 사랑을 주고, 사랑받는 아이가 되기를 원합니다."

아기를 낳아 젖을 먹이면서도 기도하십시오.

"하나님, 이 아이가 젖을 먹는 것처럼 평생 하나님의 말씀을 찾아 먹게 하시고, 말씀대로 살아가는 아이가 되게 해 주세요. 키가 자라매 지혜가 자라고, 하나님의 기쁨, 하나님의 자랑이 되는 훌륭한 아이가 되게 해 주세요."

믿음의 기도를 들으며 젖을 먹는 아기는 소화도 잘될 것이며, 마음에도 평강이 넘칠 것입니다. 또한, 엄마의 기도를 들으신 하나님은 아기를 향해 거룩한 소망을 품으시고 잘 자라게 하실 것입니다. 결국, 그 아이의 삶은 어머니가 심어준 그 말씀과 기도로 인해 축복의 열매들을 보게 될 것입니다. 그러므로 재산을 물려주는 것보다 기도의 유산을 물려주십시오. 재산은 아무리 많이 물려줘도 자칫 방종하면 한순간에 티끌만도 못한 것이 됩니다. 오히려 자녀에게 독이 될 것입니다.

그러나 뱃속에서부터 혹은 어린아이 때부터 기도로 심어진, 기도의 유산을 물려받은 아이는 좁고 험한 길을 가게 되더라도 하나님의 인도 하심을 구하며 나아가므로 하나님께서 안전하게 인도해 주십니다. 하는 일마다 번성케 되는 복을 주십니다. 그러면 아이는 굳이 말해주지 않아도 어마어마한 재산보다 더 중요한 것이 '하나님을 믿는 믿음'임을 인정하는 삶을 살게 될 것입니다.

그리고 한 가지, 기도하지 않는 부모는 자녀들의 마음을 읽을 방법이 없습니다. 그러나 기도하는 부모는 자녀를 놓고 기도할 때 하나님께서 그때마다 필요한 지혜와 방법을 주십니다.

자녀로 인해 마음이 고통스러운 부모님이 있으십니까? 자녀가 도저히 통제가 되지 않습니까? 잘 생각해 보십시오. 내 마음조차도 어찌할 바를 모르는 것이 인간입니다. 그런데 아무리 내가 낳은 자녀라도 아이의 마음을 부모가 어떻게 할 수 있겠습니까? 방법이 없습니다.

그러나 하나님께 맡기면 방법이 생깁니다. 자녀를 위해 간절히 기도할 때 하나님께서 꼭 필요한 방법과 자녀에게 필요한 기도 제목을 주십니다. 부모는 그 말씀과 기도 제목을 붙들고 반드시 그렇게 될 줄 믿으며 기도만 하면 됩니다. 그때 하나님께서 본격적으로 일하시기 시작합니다.

자녀는 이렇게 기도와 말씀으로, 그리고 하나님께서 키워주시는 것입니다. 기도하십시오. 기도하는 어머니, 그리고 아버지가 되십시오. 기도의 유산을 물려주십시오.

기도는 축복의 씨앗

농부가 아무리 많은 밭을 소유했어도 씨를 뿌리지 않으면 열매를 거둘 수 없습니다. 기도도 축복의 씨를 뿌리는 것과 같아서 입술을 열어 기도하지 않으면 열매를 거둘 수가 없습니다.

반드시 하나님께 내 입술을 열어 "하나님, 이 씨앗을 뿌리니 열매를 보게 하소서." 기도해야지만 축복의 열매를 거둘 수 있습니다.

열매는 반드시 내가 심은 씨앗인 기도와 연관이 되어 있습니다.

분명한 목적을 가지고 하나님의 도우심 안에 열매를 기대하면서 씨앗을 심는 것, 즉 낱낱이 고백하는 것이 바로 기도입니다.

그런데 기도에 있어 절대 빼놓을 수 없는 중요한 요소가 있습니다. 그것은 믿음입니다. 믿음이 없는 기도는 하나님께서 받지 않으십니다. 하나님은 기도 속에 담겨 있는 믿음을 받으시고 응답하시기로 뜻을 정하셨기 때문입니다.

그렇다면 기도 속에 담아야 할 믿음은 어떤 믿음일까요? 그것은 하나님을 만주Lord of lords의 주이시고, 만왕의 왕이신 하나님으로 믿는 것과, 하나님을 능히 그 기도의 내용대로 행하실 수 있는 전능자로 믿고 그 시행권을 하나님께 드리는 것의 믿음을 말합니다.

우리는 이 믿음으로 기도하면 먹고 자는 작은 일에서부터 어렵고 큰일에 이르기까지 하나님으로부터 복된 응답을 받을 수 있습니다. 그럼 잠깐 책 읽기를 멈추고 기도해볼까요?

마음으로만 기도하지 말고 지금 즉시 입으로 소리를 내어 하나님과 대화하듯 귀한 남편, 아내, 자녀를 위해 믿음으로 축복의 씨앗을 심어보십시오. 그리고 나 자신을 위해서도 축복의 씨앗을 심어보시기 바랍니다.

 * Let's pray

어떻습니까? 아직도 기도가 어려우십니까?

Part 2

능력 있는
하나님과의
대화법들

요즘 부부 사이나 부모 자녀 사이의 관계가 무너지고 있는 이유 중 하나는 대화가 단절되었기 때문입니다. 대화가 단절되니 소통이 전혀 이루어지지 않습니다. 부모가 하는 이야기를 자녀는 이해하지 못합니다. 부모 역시 자녀가 하는 이야기를 이해하지 못하고 동문서답합니다. 그러니 늘 오해가 쌓이고 다툼이 일어납니다.

하나님과의 관계에서도 마찬가지입니다. 하나님과 대화가 단절되면 소통이 이루어지지 않습니다. 하나님께서 아무리 옳은 길을 가도록 말씀해 주셔도 알아듣지 못합니다. 갈팡질팡하며 다른 길을 향해 갑니다. 그 길은 가시밭길이며 멸망의 길입니다. 그러므로 우리는 하나님과의 대화 혹은 관계가 단절되지 않도록 늘 주의해야 합니다. 그러기 위해서 가장 좋은 방법은 하나님을 완전히 내 삶의 중심에 모시는 것입니다.

하나님과의 대화란 기도를 말합니다. 우리는 끊임없이 기도해야 합니다. 우리가 기도할 때 하나님께서는 우리의 기도를 하나도 빠짐없이 들으시고 여러 방법을 통해 대답^{응답} 하십니다. 기도는 곧 하나님과 나와의 대화법인 것입니다.

그런데 문제는 나의 죄로 인해 하나님과의 관계가 막혀 있을 때입니다. 하나님과의 관계가 막히면 아무리 소리 높여 부르짖어도 소용없습니다. 하나님께서 듣지 않으십니다. 그렇다면 어떻게 하면 될까요?

막힌 수도관을 도구나 약품을 사용하여 뚫듯이 하나님과의 막힌 통로는 기도로 뚫어야 합니다. 회개기도로 통로를 막고 있는 모든 죄와 죄 된 마음을 뚫어야 합니다. 그래야 통로를 통해 하나님께 기도가 전달되고, 하나님의 응답 역시 그 통로를 통해 내게 전달되는 것입니다.

구약시대는 성전에서 제사를 드렸습니다. 성전 안에는 항상 등불을 밝혔고, 제사장은 등불이 꺼지지 않도록 지켜 불을 밝혀야 했습니다. 만약 실수라도 해서 꺼지기라도 한다면 죽음을 면할 수 없었습니다. 그만큼 등불은 꼭 필요하며 중요한 것이었습니다. 그리고 이 구약의 등불은 신약으로 넘어오면서 기도의 불이 되었습니다.

성도는 등불처럼 항상 기도의 불을 밝혀야 합니다. 내 마음이 속상하고 화가 난다는 이유로 기도의 불을 꺼트려서는 안 됩니다. 교회 역시 기도의 불이 꺼진 교회는 죽은 것이나 다름없습니다. 기도가 꺼진 교회는 아무런 능력이 나타나지 않습니다. 어두운 밤을 밝

히던 등불이 꺼지면 캄캄해지는 것처럼 기도가 꺼져 버린 교회와 성도는 영적으로 캄캄한 길을 갈 수밖에 없는 것입니다.

영적으로 캄캄한 길을 가지 않기 위해서는 우리는 하나님과 끊임없는 대화가 필요합니다. 하나님과의 대화는 곧 기도라고 말씀드렸습니다. 그렇다면 하나님과의 대화법에는 어떤 것들이 있을까요?

하나님께 마음을 전하는 감사기도

감사기도로 하나님께 나의 마음을 전할 수 있습니다. 우리는 하나님의 선택으로 그분의 자녀가 되었습니다. 우리가 하나님을 선택하여 자녀가 된 것이 아닙니다. 개중個中 어떤 분은 이렇게 말할 수도 있습니다. 누군가의 전도를 받긴 했지만 교회에 다니기로 결정한 사람은 나 자신이므로 내가 선택한 것이라고 말입니다. 이 말도 어떻게 보면 맞는 말 같습니다. 그러나 그 누군가를 보내 전도하게 하신 분이 바로 하나님이라는 사실을 모르기 때문에 하는 말일 것입니다. 하나님은 이렇듯 우리를 선택하시고 여러 방법을 통해 우리를 부르셨습니다. 이 사실 하나만으로도 우리는 평생 하나님께 감사해야만 하는 사람들입니다.

하나님은 전능하신 분입니다. 반대로 우리는 너무나 연약한 존재입니다. 인간은 하나님이 은혜를 주시지 않으면 한순간도 세상을 감당할 만한 힘이 없는 존재입니다. 지상에 있는 모든 새와 짐승도 하나님이 먹이시므로 살 수 있습니다. 발에 밟히는 즉시 생명력을 다하는 연약한 풀꽃도 하나님께서 물과 햇볕과 공기를 주시며 피어 있게 하십니다.

공중의 새를 보라 심지도 않고 거두지도 않고 창고에 모아들이지도 아니하되 너희 하늘 아버지께서 기르시나니 너희는 이것들보다 귀하지 아니하냐 너희 중에 누가 염려함으로 그 키를 한 자라도 더할 수 있겠느냐 또 너희가 어찌 의복을 위하여 염려하느냐 들의 백합화가 어떻게 자라는가 생각하여 보라 수고도 아니하고 길쌈도 아니하느니라 그러나 내가 너희에게 말하노니 솔로몬의 모든 영광으로도 입은 것이 이 꽃 하나만 같지 못하였느니라 오늘 있다가 내일 아궁이에 던져지는 들풀도 하나님이 이렇게 입히시거든 하물며 너희일까 보냐 믿음이 작은 자들아 마 6:26-30

　하나님은 이렇게 한낱 미물도 정성껏 먹이시며 기르시는 분이십니다. 하물며 모든 동물과 식물보다 훨씬 존귀하게 만드신 인간은 말할 것 있겠습니까? 사람은 하나님 자신의 형상과 그의 생기로 만들어진 하나님의 분신인데 말입니다.
　하나님은 사람에게 생육하고 번성하여 땅에 충만하라는 복을 주셨습니다. 동시에 모든 생물을 다스리고 땅을 정복하라는 특권을 주시며 이 모든 일을 할 수 있도록 사람을 먹이시고, 입히시고, 필요한 모든 것을 공급해 주고 계십니다. 이 모든 은혜를 일컬어 하나님의 일반 은총이라고 합니다.

이 일반 은총은 없어서는 안 될 우리에게 꼭 필요한 은총입니다. 하나님께서 만약 일반 은총을 중단하신다면 사람은 물론, 그 어떤 생명체도 살아남기 어렵기 때문입니다.

하나님은 또 일반 은총 외에 특별 은총을 주셨습니다. 특별 은총은 영원히 멸망하지 않고 영생하는 복을 받도록 영적으로 보호받는 은총을 말합니다. 이 특별 은총 또한 단 하루라도 임하지 않는다면 우리는 누구든지 사단에게 휘둘려 거듭 죄에 죄를 지을 수밖에 없을 것입니다.

하나님께서는 이렇게 일반 은총과 특별 은총으로 우리의 육과 영을 살리고 보호하고 계십니다. 그러므로 우리는 하나님께 365일 감사하며 살아야 합니다. 매 순간 감사한 마음을 하나님께 고백해야 합니다.

한 가지 놀라운 사실은 우리가 감사하는 마음을 표현할 때 주님은 더 많은 감삿거리가 생기도록 이끄신다는 것입니다. 이것은 하나님께서 우리의 고백을 기쁘게 받으시고 계시다는 증거이자 표현이십니다. 우리가 누군가에게 마음을 전했을 때 마음을 전해 받은 상대방이 어떤 식으로든 표현을 하는 것처럼 말입니다.

하나님은 두툼한 헌금 봉투가 기쁘신 분이 아닙니다. 하나님은 간밤에 지켜주셔서 잘 자고 일어날 수 있는 것, 먹고 마실 수 있는 것, 숨을 쉴 수 있는 것, 눈을 깜빡이고, 손과 발을 움직일 수 있는 것 하나하나가 하나님의 은혜임을 인정하고, 감사하며 드리는 그 감사의 고백을 기쁘게 받으시는 분이십니다.

하나님께 감사의 기도를 드리십시오. 그것은 곧 감사한 나의 마음을 하나님께 전해드리는 것입니다.

하나님과 친밀히 대화하는 말씀묵상기도

하나님과 아주 친밀하게 대화할 수 있는 시간이 있습니다. 그 시간은 말씀묵상기도 시간입니다. 이 시간은 조용한 곳에서 하나님의 말씀을 묵상하고 기도하며 하나님과 친밀히 만나는 시간을 말합니다. 우리는 이것을 큐티Quiet Time라고 합니다.

새벽예배가 없는 외국의 성도들은 새벽에 큐티를 합니다. 큐티를 통해 하나님과 깊이 교제하는 것으로 하루를 시작하는 것입니다.

보통 많은 분들은 큐티 책자를 구입하여 묵상을 합니다. 그러나 처음 큐티를 시작하는 분 외에는 본인이 묵상하고자 하는 성경 말씀을 직접 정해서 하는 것이 좋습니다. 책에 나와 있는 대로 하다 보면 묵상보다는 성경 말씀의 뜻을 아는 수준에서만 머무는 수도 있습니다. 물론 말씀의 뜻을 아는 것은 너무나 중요하지만 큐티의 목적은 그날 내게 주시는 하나님의 말씀을 듣는 것에 있기 때문입니다. 그리고 들은 말씀을 통해 깨닫고 느끼고, 내 삶에 적용하는 것에 목적이 있습니다.

그럼 아래의 말씀으로 묵상하는 방법을 알아볼까요?

여호와는 나의 목자시니 내가 부족함이 없으리로다 시 23:1

1. '여호와는 나의 목자시니' 이 구절을 천천히 여러 번 읽어봅니다. 말씀을 읽을 때에는 하나님께서 지금 내게 주시는 말씀이라 생각하며 집중하여 꼼꼼히 읽어야 합니다.

2. 말씀의 내용이 이해가 되면 스스로 질문을 하며 묵상을 합니다. 그리고 묵상하며 현재의 나의 모습에 대입시켜 봅니다.

'여호와는 나의 목자? 여호와가 목자시면 나는 양이라는 것인가? 목자는 양을 먹이고, 안전한 곳으로 인도하는 사람이다. 그러면 이 말은 하나님께서 나를 양처럼 먹이시고 안전한 곳으로 인도하신다는 말씀이구나! 그런데 나는 정말 여호와를 나의 목자로 인정하고

있나? 하나님은 그동안 나를 어떻게 인도하셨지?'

'내가 부족함이 없으리로다'

이 말씀도 위와 같이 묵상하면 됩니다.

"내가 부족함이 없다? 그런데 나는 왜 부족함이 많지? 속 썩이는 남편의 사랑이 부족하고, 아껴 쓰는데도 돈도 항상 부족하고, 빚을 져야 하는 상황이다. 나는 왜 이렇게 항상 부족한 걸까? 하나님은 나의 목자가 아니신가? 아니면 내가 목자를 떠나 떠돌아다니는 양처럼 살고 있나? 그래서 보호를 받지 못하는가? 그럼 어디서부터 인도를 받지 못하고 있는 것일까?"

이렇게 질문하며 묵상하다 보면 성령께서 깨닫게 하시는 것이 있을 것입니다.

"그래, 맞아. 나는 남편에게 사랑을 받으려고만 했지 사랑을 주지는 않았구나! 물질도 하나님께 드리는 걸 아까워했어. 하나님께는 지독히 짠순이처럼 굴면서 내가 먹고 나를 치장하는 데에는 아낌이 없었어. 그러고 보니 기도도 습관적으로만 하고, 말씀도 대충 읽는

72

날이 많았어. 그리고 감사보다는 불평불만이 더 많았구나!"

3. 이렇게 깨달은 것들은 하나님께서 내게 하시는 말씀으로 받고 그것을 공책에 적는 것이 좋습니다. 그렇게 공책에 적어 내려가다 보면 내용 중에 회개도 있을 것이고, 앞으로의 각오와 다짐도 있을 것입니다. 그날의 주신 말씀에 따라 감사도 있을 것이며, 그동안 살면서 받은 은혜의 감격도 있을 것입니다.

4. 공책에 모두 적었으면 적은 내용을 오늘의 삶에 적용하여 살아가도록 기도합니다.

"하나님, 오늘 하루 남편에게 사랑을 주게 하소서. 남편이 바라던 대로 귀 기울여 이야기를 듣겠습니다. 마음을 찌르는 말을 하지 않겠습니다. 큰 소리 내지 않고, 밝게 웃어주며, 존중하는 마음을 갖겠습니다. 그러나 제힘으로는 할 수가 없습니다. 주님, 도와주시옵소서."

묵상한 말씀과 묵상 중에 주신 말씀을 가지고 기도하면 우선 내 마음에 평화와 기쁨이 넘칩니다. 남편을 진정 사랑할 수 있도록 먼저 나의 울퉁불퉁한 마음 밭을 하나님께서 고르게 만지셨기 때문입니다. 그렇게 되면 남편이 얄미운 짓을 해도 평소처럼 분노가 올라오거나 큰 소리를 내지 않게 됩니다. 그것을 이길 힘이 묵상과 기도

73

를 통해 내게 주어졌기 때문입니다.

하나님은 말씀을 묵상하는 중에 많은 것을 말씀하십니다. 하나님 앞의 바르지 못한 나의 모습과 또 그런 나를 바라보시는 하나님의 심정을 말씀하십니다. 나의 교만과 나의 중심이 하나님이 아니라 다른 것에 있다고도 말씀하십니다. 내가 남편이나 아내에게 성실하지 않다는 것도 말씀하시고, 내 속에 증오와 용서하지 않은 마음이 있는 것도 말씀하십니다.

그러나 하나님께서 이 모든 말씀을 하시는 이유는 나를 책망하기 위해서가 아닙니다. 말씀을 깨닫고, 회개하고, 하나님의 자녀로서 새롭게 거듭나게 하시기 위함입니다. 그리하여 하나님과 동행하며 형통케 하는 삶을 살게 하시기 위함입니다.

그러므로 말씀묵상기도는 매일 하는 것이 좋습니다. 말씀묵상기도는 하루를 시작하며 할 수도 있고, 하루를 마감하며 할 수도 있습니다. 그러나 가급적이면 새벽에 하는 것이 좋습니다.

날마다 말씀을 묵상하고 묵상기도를 하십시오. 놀랍게도 묵상한 말씀과 기도가 나의 삶을 인도해갈 것입니다. 무엇보다 이 시간은 하나님과 더욱 친밀해지는 시간이므로 기쁨이 샘솟습니다. 하루가 힘이 납니다.

절박한 심정으로 말씀드리는 부르짖음의 기도

부르짖는 기도로 나의 절박한 심정을 하나님께 말씀드릴 수 있습니다. 방에서 놀던 아이가 "엄마!" 하고 다급하게 부르면 엄마는 하던 일을 멈추고 아이에게 달려갈 것입니다.

　이처럼 삶이든 영적으로든 감당할 수 없는 일이 찾아올 때 우리는 하나님께 큰 소리로 부르짖어야 합니다. 하나님께서는 우리가 감당할 수 없는 일이 생겼는데도 가만히 있으면 아무것도 해주시지 않습니다. 큰 소리로 부르는 아이의 음성에 엄마가 즉각 반응하듯이 우리가 세상 것에 의존하지 않고 간절히 믿음으로 부르짖을 때 그때 하나님은 빠르게 응답하십니다. 하나님은 언제든 우리를 도울 준비가 되어 있으신 분이시기 때문입니다.

　사람들은 다급하고 절박한 문제가 생겼을 때 지푸라기라도 잡고 싶은 심정이라고 말합니다. 그래서 사람들에게 사정을 하고, 남을 속여 가면서까지 문제를 해결하려 합니다. 하지만 우리의 방법은 달라야 합니다. 지푸라기가 아니라 하나님을 붙잡아야 합니다. 하나님께 부르짖어야 합니다. 하나님께 나의 절박한 심정을 낱낱이 고하며 도움을 요청해야 합니다. 이것이 '부르짖는 기도'인 것입니다.

　저는 이 부르짖는 기도를 매우 행복하게 누리고 있습니다. 하나님께 부르짖을 수 있어 행복합니다. 제가 알고 있는 어느 대학교 총장님도 마치 호랑이가 울부짖는 것처럼 기도하십니다.

"하나님 아버지여! 오늘도 제 기도를 들어주셔야 되겠습니다! 저는 지금 여러 가지로 너무나 어려움이 많은 사람입니다! 하나님이 오늘 제 기도를 들어주시지 않으면 진짜 길이 없다는 것을 주님도 아시지요!!"

얼마나 우렁차게 기도하시는지 옆에 있다가 깜짝 놀란 적이 있습니다. 그분이 구하는 것을 내가 가지고 있다면 주고 싶을 정도였습니다. 총장님은 오래전에 형님이 논 아홉 마지기를 팔아 주신 돈으로 자그마한 학교를 설립하셨고, 지금은 종합대학 총장님이 되셨습니다. 저는 이분이 총장까지 된 데에는 그분의 열심도 있었겠지만 기도가 가장 큰 역할을 했다고 확신합니다. 안 들어주시면 큰일 날 것처럼 절실하게 하나님께 부르짖는 분이시기 때문입니다.

절박할 때 세상의 지푸라기를 붙잡지 말고 하나님께 온몸과 마음을 다하여 절박한 나의 상황과 심정을 말씀하십시오. 하나님이 깜짝 놀라시도록 하늘을 향해 간절히 부르짖으십시오. 하나님께서 그분의 뜻에 맞게 응답하실 것입니다.

통성기도

통성기도는 1907년 평양 대부흥회 때에 시작된 것으로 알려져 있습니다. 길선주 목사님[1869~1935]이 대중 앞에서 자신의 죄를 공개적으로 고백하고 회개하자 그 자리에 있었던 사람들이 너도나도 큰 소리로 죄를 고백하고 회개한 것이 통성기도의 시작이었다고 합니다. 그렇게 저녁 7시부터 시작된 부르짖음은 다음 날 새벽 2시에 끝이 났다고 전해지고 있습니다.

통성기도는 우리나라에만 있습니다. 그래서 통성기도를 한국식 기도[Korean prayer]라고 부른다고 합니다. 통성기도는 합심하여 크게 부르짖는 기도입니다. 함께 크게 부르짖을 때 마음과 생각을 흩트렸던 잡념이 사라지고, 복잡했던 영이 하나가 되면서 오직 하나님께만 집중할 수 있습니다. 그러므로 인해 하나님이 들으시기에 합당한 기도를 할 수 있으며, 그분과 교통할 수 있습니다.

그런데 생각은 딴 데 있고 입으로만 "주여!" 하고 외치는 분들이 있습니다. 옆에서 "주여!" 하니까 아무 생각 없이 따라서 외치는 것입니다. 주로 금요철야 때 이런 분들을 종종 볼 수 있습니다. 이런 분들은 하나님께 전혀 집중하지 못한 분들입니다. 할 말도 없으면서 이름만 부르는 것처럼 아무 의미 없이 입만 열어 주님을 부르는 것입니다. 이런 분들은 목만 아플 뿐 기도의 능력을 받을 수가 없습니다. 간혹 어떤 분은 "왜 굳이 부르짖으라고 합니까? 하나님이 귀가 어두우십니까?" 하고 따져 묻는 분도 계십니다.

물론 하나님이 귀가 어두우셔서가 아닙니다. 하나님은 우리 한 사람 한 사람의 마음과 생각까지 감찰하시는 분이십니다. 그런 하나님이심에도 부르짖으라는 이유는 큰 소리로 부르짖다 보면 혼미했던 영이 하나로 모아지면서 주님께만 집중하여 기도할 수 있기 때문입니다. 그런데 뜨겁게 기도하다 보면 어느새 소리 높여 부르짖고 있지 않습니까?

저는 기도하기 위해 산에 올라가면 거의 졸다 내려오던 시절이 있었습니다. 그때에는 통성기도에 대해 알지도 못했고, 가르쳐 주는 사람도 없었습니다. 그래서 누가 "주여!" 하고 부르짖으면 '이런 무식한 사람들 같으니라고!' 생각하기 일쑤였습니다. 또 그런 사람들이 이단 같아 보였습니다.

그런데 그랬던 제가 어느 날 산 기도를 하는 중에 뜨겁게 부르짖으며 기도를 하기 시작한 것입니다. 그날 놀랍게도 성령님이 찾아오신 것입니다. 저는 그때야 알았습니다. 이단 같아 보였던 사람들이 부르짖은 건 무식해서가 아니라 성령님의 임재하심을 주체할 수 없었기 때문이란 걸 말입니다.

하나님의 능력 받기를 원하십니까? 이것저것 생각하지 말고 어린아이처럼 단순해지십시오. 단순하게 하나님을 만나야겠다는 각오 하나만으로 크게 소리가 나오면 제한하지 말고 부르짖으십시오. 오직 주님 한 분만을 기대하며 주변 의식하지 말고 간절하게 부르짖으십시오. 그 순간, 하나님이 찾아오십니다.

통성기도 연습

오직 성령이 너희에게 임하시면 너희가 권능을 받고 행 1:8

성령이 임하시면 권능을 받습니다. 권능은 권세와 능력을 말합니다. 우리에게 성령이 임하시면 권세와 능력이 우리에게 임한다는 것입니다.

너희는 내게 부르짖으며 내게 와서 기도하면 내가 너희들의 기도를 들을 것이요 너희가 온 마음으로 나를 구하면 나를 찾을 것이요 나를 만나리라 렘 29:12-13

부르짖으며 기도하면 기도를 들으신다고 말씀하셨습니다. 이제 부르짖어 통성으로 기도해 봅시다. 처음은 창피하고 어색하지만 모든 생각을 내려놓고 어린아이와 같은 단순한 마음으로 하나님께 부르짖어 봅시다. 하나님도 우리가 어린아이처럼 반응하길 원하십니다. 단순하고 유치하게, 의심하지 말고 순종하길 원하십니다.

그러니까 한 번 해봅시다!

"주여!" 하고 외쳐보는 겁니다.
하나!
둘!
셋!
"주여!"
이렇게 5분 정도 소리를 지르고 나면 목도 아프고 기운도 빠져 소리가 제대로 나오지 않을 것입니다. 그러나 멈추지 말고 계속하십시오. "주여!"를 계속 외치며 육신의 한계를 넘어야 잠들어 있던 내 영이 깨어나고 몰입이 됩니다.

기도를 하지 않을 때 우리의 영은 깊은 잠에 빠져 있습니다. 영이 잠든 상태에서 부르짖으면 창피한 생각, 바보 같다는 생각, 내가 미쳤나? 하는 생각들이 밀려옵니다. 그러나 이것은 지극히 정상적인 현상이니 개의치 말고 부르짖으십시오. 힘이 들어 멈추고 싶은 순간이 오고, 더는 목소리가 나오지 않더라도 주님을 사모하며 부르짖으십시오. 부르짖는 중에 성령이 임하시면 그때부터 내 힘이 아닌 성령께서 강하게 부르짖도록 내 마음과 입술을 움직이십니다.

하늘을 가로질러 가던 전투 비행기가 갑자기 "꽝!" 하며 굉음을 내는 것을 들어 보셨습니까? 그 소리는 마하Mach 비행기 등의 속도를 나타내는 단위를 초월했기 때문에 나는 소리입니다. 소리가 가는 속도를 뛰어넘을 때 비행기는 폭발합니다. 영도 똑같습니다. 육신이 잠든 영혼에 매여 늘 세상 소리밖에 못 했던 나 자신이 내 속에 있는 영을 깨워 한 발 나갈 때도 그 선이 있습니다.

그 선을 넘으십시오. 한 번 넘기가 어렵지 그 후에는 거푸 넘을 수 있습니다. 그 육신의 힘든 선을 딱 넘어서야 합니다. 그때 성령이 강하게 우리들을 움직이기 시작하십니다.

다시 한 번 "주여!"를 외쳐 봅시다.

하나!

둘!

셋!

"주여!"

우리가 "주여!" 하고 부르짖으면 우리 속에 있던 어둠들이 떠나가고 하나님의 성령이 들어오셔서 내 영이 환하게 밝아집니다. 단, 입으로 소리만 지르지 말고 간절함을 담아 부르짖으십시오. 애타는 심정으로 부르짖다 보면 영적인 몰입과 동시에 내 속에 있는 모든 어둠이 견딜 수 없어하며 나갈 것입니다. 산에 올라 시원하게 "야호!"를 외친 것처럼 눌려있던 영이 시원하게 기지개를 펼 것입니다.

그렇게 부르짖어 기도하다 보면 성령님의 위로 하심과 감격에 뜨거운 눈물이 흐를 것입니다. 말로 표현할 수 없는 기쁨이 샘솟을 것입니다. 그리고 묵은 찌꺼기를 내보내듯 답답한 것들, 쌓인 것들이 청소되어 내 영이 맑아짐을 느끼게 될 것입니다.

누구든지 주의 이름을 부르는 자는 구원을 받으리라 하였느니라 행 2:21

집 안 청소를 하면 기분 또한 개운합니다. 영도 마찬가지입니다. 죄로 더러워졌던 영도 청소가 되면 개운하고 기쁨으로 가득 차게 됩니다. 그래서 부르짖는 기도를 마치고 나면 전에는 느낄 수 없었던 시원함과 평안을 느끼게 되는 것입니다.

부르짖어 기도해보십시오. 죄에 구속되었던 내 영이 자유로움을 얻을 뿐만 아니라 행복해집니다.

방언기도

전심으로 뜨겁게 하나님을 부르짖다 보면 깊은 영적세계에 들어가게 됩니다. 그때 성령 하나님이 강하게 임재하셔서 내 안에 있는 영이 완전히 깨어나고 성령과의 만남이 시작됩니다. 이러한 상태를

'성령 받았다'라고 말합니다. 성령은 하나님의 권능이 들어있는 영입니다. 이러한 성령이 우리 안에 임하시고 우리의 영을 압도하시면 내 의지와는 상관없이 어떤 소리를 내게 됩니다. 그것을 '방언'이라고 합니다. 방언은 우리가 알아들을 수 없는 언어입니다. 이 방언은 오로지 성령만이 우리의 혀를 주장하셔서 영으로 고백하게 하시는 신비의 언어이기 때문입니다.

유진 피터슨의 메시지 신약^{복있는 사람 刊}에는 성령께서 온갖 선물^{은사}을 온갖 부류의 사람들에게 나눠 주시는데, 누가 언제 어떤 선물을 받게 될지는 그분께서 정하신다고 되어 있습니다. 즉, 방언으로 이야기하자면 방언은 성령께서 주시는 선물이며, 그것은 내가 받고 싶다고 해서 주시는 것이 아니라 방언을 주실지, 다른 은사를 주실지는 성령님께서 정하신다는 것입니다. 무척 신비롭고 놀라운 사실이지 않습니까?

그런데 이 방언은 도통 무슨 말인지 알아듣지 못합니다. 어떤 분들은 무슨 말인지도 모르는 말을 왜 하는지 모르겠다며 이상하게 여기기도 합니다. 그것은 방언에 대해 잘 몰라서 하는 말입니다.

각 사람에게 성령을 나타내심은 유익하게 하려 하심이라 고전 12:7

방언은 우리에게 유익을 줍니다. 성령께서 우리의 육신의 입을 통하여 영적인 고백을 계속시키실 때 잠들었던 우리의 영이 깨어나 점점 더 깊고 신령한 영의 세계로 들어갈 수 있게 됩니다. 이 밖에도 방언의 유익함은 많지만 그중 하나는 시간에 구애받지 않는 한, 몇 시간 심지어 하루 종일이라도 기도를 할 수 있다는 것입니다.

내가 너희 모든 사람보다 방언을 더 말하므로 하나님께 감사하노라 고전 14:18

바울 선생은 모든 사람보다 방언을 더 말하므로 하나님께 감사한다고 말씀하셨습니다. 그만큼 방언으로 기도하는 것이 영적으로 유익하기 때문입니다.

믿음으로 구하는 기도

너희 중에 고난 당하는 자가 있느냐 그는 기도할 것이요 즐거워하는 자가 있느냐 그는 찬송할지니라 너희 중에 병든 자가 있느냐 그는 교회의 장로들을 청할 것이요 그들은 주의 이름으로 기름을 바르며 그를 위하여 기도할지니라 믿음의 기도는 병든 자를 구원하리니 주께서 그를 일으키시리라 혹시 죄를 범하였을지라도 사하심을 받으리라 그러므로 너희 죄를 서로 고백하며 병이 낫기를 위하여 서로 기도하라 의인의 간구는 역사하는 힘이 큼이니라 약 5:13-16

야고보서 기자는 13절에 고난 당하는 자가 있으면 기도하라고 말씀합니다. 그런데 고난 당할 때 정작 기도하는 성도는 얼마나 될까요? 기도는커녕 고난에 매여 신세 한탄하며 하나님을 원망하지는 않는지요. 어떻게든 고난을 피하려 인간의 방법을 쓰지는 않는지요.

성도는 고난이 찾아오면 마땅히 하나님 앞에 먼저 무릎 꿇고 기도해야 합니다. 온전히 하나님을 믿고 그분께 고난을 맡겨야 합니다. 고난을 이길 방법은 돈과 권력과 힘 있는 주변 사람이 아니라 오직 하나님뿐입니다. 이 사실을 알면서도 하나님께 기도하지 않는다면 그 사람은 하나님을 믿지 못하는 사람입니다. 입으로만 믿는 사람입니다. 어렵고 힘들 때 더욱 찬양하고 힘써 기도하십시오. 이것이 성도의 바람직한 모습이며 하나님이 바라시는 모습입니다.

위 말씀 14절에 '너희 중에 병든 자가 있느냐 저는 교회의 장로^오_{늘날 목사}들을 청할 것이요 그들은 주의 이름으로 기름을 바르며 위하여 기도할지니라'고 말씀하셨습니다. 이 말씀은 영적 지도자를 불러 주님의 이름으로 기름을 바르며 기도하라는 것입니다. 다시 말해 병이 심할 경우 목사를 불러 성령의 능력으로 기도 받으라는 것입니다.

15절에는, '믿음의 기도는 병든 자를 구원하리니 주께서 저를 일으키시리라 혹시 죄를 범하였을지라도 사하심을 얻으리라'고 말씀하셨습니다. 믿음의 기도는 병을 고쳐주고 더불어 혹시 죄를 범하였어도 용서를 받을 것이라는 말씀입니다.

16절 말씀에는 '너희 죄를 서로 고하며 병 낫기를 위하여 서로 기도하라'라고 되어 있습니다. 서로 잘못한 것들을 하나님께 회개하고 서로를 위해 병 낫기를 기도하면 고쳐주신다는 뜻입니다.

'회개'는 마치 자동차가 길에 잘못 들어선 것을 알고 유턴하듯이 마음을 돌이키는 것입니다. 죄의 길을 가던 사람이 돌이키고, 옳지 않은 일을 하던 사람이 돌이켜 하나님 앞에 돌아오는 것을 말합니다. 세례 요한은 복음을 전파할 때에 '회개하라 천국이 가까웠다'고 외쳤습니다. 예수님도 사역 시작 첫 번째 말씀이 '회개하라 천국이 가까웠다'였습니다. 기도할 때 가장 큰 위로와 능력은 회개기도 속에 있습니다. 또한, 회개를 하면 멀게 느껴졌던 하나님이 내 곁에 가까이 계시다는 것이 느껴집니다.

16절 하반절에 나오는 의인義人은 '옳을 의'에 '사람 인'으로서 의인의 기도는 옳은 사람의 기도를 말합니다. 의義는 믿음과 일치하며 의인은 죄 없는 사람이 아니라 믿음의 사람을 뜻합니다. 그래서 죄가 있으나 믿음이 있는 사람을 의롭다고 하는 것입니다.

우리는 기도할 때에 반드시 믿음으로 구해야 합니다. 믿음으로 구하는 자에게 하나님의 역사가 일어납니다. 의심하지 않고 하나님께 푹 맡기며 기도하는 것이 복입니다.

믿음으로 부르짖어 기도한 성경의 인물들

엘리야의 기도

구약시대의 선지자 엘리야는 하나님의 언약을 버린 이스라엘 자손과 바알을 섬기는 선지자들 앞에서 장작더미에 물을 붓고 여호와가 참 하나님이심을 보여 달라고 기도했습니다. 그러자 불이 임하여 장작더미와 돌과 흙을 태우고 고랑에 고인 물을 핥아 버렸습니다. 이뿐만이 아닙니다.

　엘리야의 기도로 사르밧 과부의 죽은 아들이 살아나고, 죄가 만연한 아합 왕 때에는 비가 내리지 않기를 기도하니 3년 6개월간 가뭄이 왔습니다. 그리고 그 후 다시 기도하니 비가 내렸습니다.

엘리야는 우리와 성정이 같은 사람이로되 그가 비가 오지 않기를 간절히 기도한 즉 삼 년 육 개월 동안 땅에 비가 오지 아니하고 다시 기도하니 하늘이 비를 주고 땅이 열매를 맺었느니라 약 5:16-18

　그런데 이렇게 기도의 능력이 주어진 엘리야가 이세벨이 자기를 죽이려 한다는 소식에 두려워 광야로 도망쳐 로뎀나무 아래에서 하나님께 생명을 거두어달라고 했습니다. 이 모습을 보면 엘리야도

87

우리와 똑같은 성정性情을 가진 사람이라는 걸 알 수 있습니다. 무서움도 타고, 벌벌 떨기도 하는 사람 말입니다.

그러나 엘리야는 하나님에 대한 믿음이 대단한 사람이었습니다. 하나님의 전능하신 그 능력이 현실의 상황에서 그대로 역사할 것이라는 믿음을 가지고 있었습니다. 그 후 엘리야는 어떤 어려운 난관에 부딪히더라도 하나님에 대한 믿음을 저버리지 않고 기도했습니다. 하나님께서는 엘리야의 기도에 크게 역사하셨습니다.

우리도 엘리야처럼 기도할 수 있습니다. 기도는 우리가 하되 그 기도대로 이루시는 분은 하나님이십니다. 믿고 기도만 하면 우리에게도 엘리야와 같은 큰 능력이 나타날 것입니다.

이스라엘 백성들의 기도

이스라엘 백성들은 대를 넘고 넘어 430년간이나 애굽이집트에서 노예생활을 했습니다. 이스라엘 백성들은 노예로 사는 것이 힘들었지만 그래도 견딜 만 했습니다. 날마다 노역으로 고되긴 해도 먹고 사는 데는 문제가 없었기 때문입니다. 그러나 이러한 이스라엘 백성들을 정상적이다 할 수는 없습니다.

오래전에 남편이 직장을 18년 정도 안 다니는데도 그냥저냥 사는 분을 봤습니다. 친정에서 좀 얻어먹고, 시댁에 가서 좀 얻어먹고, 친구한테 얻어먹으며 살았습니다. 그러더니 나중에는 아예 얻어먹으며 사는 것이 체질화가 되어 사는 것이었습니다. 이스라엘 백성이 바로 이런 모습이었습니다. 먹고 살 수는 있으니 고된 노역도 체질이 되어 별 어려움을 느끼지 못했습니다. 그래서 하나님을 더욱 찾지 않았습니다. 이것이 문제였습니다. 하나님의 자녀가 430년간이나 비참하게 노예생활을 하면서도 하나님을 찾지 않은 것은 결코 정상적인 것이 아니었습니다.

그런데 왕이 죽고 새 왕이 다스리기 시작하자 이스라엘 백성들은 그제야 탄식하기 시작했습니다. 이집트 백성보다 더 많고, 더 강한 이스라엘 백성에게 위협을 느낀 새 왕이 감독자를 세워 아주 혹독하게 노역을 시켰기 때문입니다. 심지어 새 왕은 이스라엘 백성들이 아들을 출산하면 즉시 죽일 것을 명령했습니다. 갈수록 이스라엘 백성들의 혹된 노예생활은 절정에 이르렀고, 견딜 수 없는 이스라엘 백성들은 그제야 탄식하며 하나님께 부르짖기 시작했습니다.

여러 해 후에 애굽 왕은 죽었고 이스라엘 자손은 고된 노동으로 말미암아 탄식하며 부르짖으니 그 고된 노동으로 말미암아 부르짖는 소리가 하나님께 상달된지라 하나님이 그들의 고통 소리를 들으시고 하나님이 아브라함과 이삭과 야곱에게 세운 그의 언약을 기억하사 출 2:23-24

89

이스라엘 자손의 부르짖음을 들으신 하나님은 그 조상이었던 아브라함, 이삭, 야곱에게 하셨던 약속을 기억하셨습니다. 그러고는 이스라엘 자손을 위해 모세를 선택하셨습니다.

모세는 애굽 바로 왕의 딸인 공주의 양아들로서 바로 왕의 후계자로 물망에 올랐던 사람입니다. 하나님은 이 모세를 지도자로 세워 이스라엘 자손을 애굽에서 구출하여 젖과 꿀이 흐르는 가나안 땅으로 인도하셨습니다. 하나님은 이렇게 뒤늦더라도 이스라엘 백성처럼 죄를 깨달아 하나님을 찾고, 믿어 부르짖을 때 외면하지 않으시는 분이십니다. 늦지 않았습니다. 지금부터라도 기도하십시오.

모세의 기도

모세가 홍해에서 이스라엘을 인도하매 그들이 나와서 수르 광야로 들어가서 거기서 사흘 길을 걸었으나 물을 얻지 못하고 마라에 이르렀더니 그 곳 물이 써서 마시지 못하겠으므로 그 이름을 마라라 하였더라 출 15:22-23

이스라엘 백성이 광야로 들어가 사흘 길을 걸었으나 마실 물이 없었습니다. 그들의 입은 가뭄 속의 나뭇잎처럼 바작바작 타들어갔습니다. 이대로 조금만 더 걸으면 곧 죽을 지경이었습니다. 그런데 그때 마라에서 물을 발견했습니다. 이스라엘 백성들은 달려가 허겁

지껍 물을 마시기 시작했습니다. 그러나 지독히 쓴 물이었습니다.

사흘 만에 겨우 마신 물을 토해내며 이스라엘 백성들은 모세에게 소리를 지르며 불평을 했습니다.

"우리한테 지금 이 쓴 물을 마시라는 거요?"

"모세! 당신 지금 우리를 죽이려고 데려온 것이오? 대체 무슨 물을 마시라는 거요!!"

모세는 백성들의 원망을 들으며 하나님께 부르짖었습니다.

"하나님, 이 백성에게 마실 물을 주십시오!"

간절한 부르짖음에 하나님께서는 모세에게 한 나무를 보여주시며 말씀하셨습니다.

"모세야, 염려하지 말고 내가 지시한 나무를 그 물에 던져라."

모세는 하나님의 말씀대로 물에 나무를 던졌습니다. 그러자 지독히 써서 뱉어냈던 쓴 물이 단물로 변했습니다. 믿고 부르짖었더니 하나님이 응답해 주신 것입니다.

모세가 여호와께 부르짖었더니 여호와께서 그에게 한 나무를 가리키시니 그가 물에 던지니 물이 달게 되었더라 거기서 여호와께서 그들을 위하여 법도와 율례를 정하시고 그들을 시험 하실새 출 15:25

그런데 모세를 보십시오. 그는 원망 불평하는 백성들에게 한 마디도 않았습니다. 죽일 듯 덤벼드는 그들을 두려워하지도, 맞서 싸우지 않았습니다. 믿음 없는 그들에게 한마디 정도 할 수 있었음에도 그는 침묵했습니다. 그리고 그들처럼 하나님을 원망하지도 않았습니다. 모세는 오직 하나님만 바라봤습니다.

우리도 모세와 같아야 합니다. 어렵고 힘든 일을 당하면 누구를 원망하거나 사람을 붙잡고 토로하지 말고 하나님을 바라봐야 합니다. 사람에게 내 약함을 이야기하면 시간이 지나 흉 거리가 될 수도 있지만 하나님께 기도하면 기적이 일어납니다.

그런데 보통 사람들은 억울한 일, 속상한 일을 만나면 사람에게 의지를 했다가 오히려 뒤통수를 얻어맞는 경우를 봅니다. 예를 들어 남편 때문에 속 썩은 일을 친구에게 말했다가 오히려 동네방네 소문이 퍼지는 경우입니다. 앞에서는 친구가 위로를 해줬지만 뒤에서는 소문을 내고 다녀 속상했던 경험이 있는 분도 있을 것입니다.

사람에게 의존하지 말고 하나님께 기도하십시오. 하나님을 내 삶의 주로 모시고 무엇이든지 믿고 부르짖으면 어떤 방향으로든 응답해 주십니다.

너는 내게 부르짖으라 내가 네게 응답하겠고 네가 알지 못하는 크고 은밀한 일을 네게 보이리라 렘 33:3

그런데 이스라엘 백성들이 여정에 따라 이동 중에 또 마실 물이 없자 모세에게 대항하며 나옵니다.

거기서 백성이 목이 말라 물을 찾으매 그들이 모세에게 대하여 원망하여 이르되 당신이 어찌하여 우리를 애굽에서 인도해 내어서 우리와 우리 자녀와 우리 가축이 목말라 죽게 하느냐 모세가 여호와께 부르짖어 이르되 내가 이 백성에게 어떻게 하리이까 그들이 조금 있으면 내게 돌을 던지겠나이다 출 17:3-4

모세는 또 하나님께 부르짖어 기도했습니다. 그러자 하나님께서 지팡이로 반석을 칠 것을 말씀하셨고 모세가 그대로 행하니 반석에서 물이 나왔습니다.

저는 우리 동일교회 개척 당시부터 계속 주장하는 것이 있습니다. 그것은 '믿음으로 부르짖으며 기도하라'는 것입니다. 믿음으로 부르짖는다는 것은 전심으로 하나님께 소리를 높여 고하는 것을 말합니다. 그런데 간혹 체면이 있지 사람 많은 데서 어떻게 소리를 크게 지르냐는 분들이 있습니다.

물론 처음인 분들은 그렇게 생각할 수도 있습니다. 하지만 부르짖어 기도하는 것은 무식한 것도 아니고, 유치한 것도 아니고, 체면이 깎이는 일도 아닙니다. 어린 자녀가 힘든 일이 있을 때 부모에게 매달려 울며불며 토로하는 것과 같은 것입니다. 하나님 아버지 앞에 나와 나의 모든 문제를 내어놓고 울며불며 부르짖는 것입니다.

"하나님, 이 문제를 어떻게 하면 좋겠습니까! 지금 당장 이 문제로 인해 죽을 것 같습니다. 하나님! 해결해 주세요!"

이렇게 부르짖을 때 부모가 자녀를 외면하지 않듯 하나님께서도 우리의 기도를 결코 외면하지 않으십니다. 부르짖으라고 하신 하나님이십니다. 그러면 응답하시겠다고 약속하신 하나님이십니다. 믿고 부르짖으십시오. 그때 하나님께서 움직이기 시작하십니다. 그리고 때가 되면 반드시 응답해 주십니다. 아이가 아플 때 고칠 약이 없다면 부모는 주님을 믿고 간절히 부르짖어 기도하십시오.

견디지 못할 어려움을 만났을 때 길이 없다면 하나님께 부르짖으며 매달려야 합니다. 하나님은 문제가 있을 때 하나님을 찾기를, 간절하게 부르짖기를 원하십시다. 언제든 말입니다.

여호와의 말씀이니라 너희를 향한 나의 생각을 내가 아나니 평안이요 재앙이 아니니라 너희에게 미래와 희망을 주는 것이니라 너희가 내게 부르짖으며 내게 와서 기도하면 내가 너희들의 기도를 들을 것이요 너희가 온 마음으로 기도하면 나를 찾을 것이요 나를 만나리라 렘 29:11-13

야곱의 기도

형의 축복을 가로챈 후 삼촌 집으로 도망가 20년간이나 종처럼 시달렸어도 잘 견뎌냈던 야곱이 언제 기도했는지 아십니까? 고향으로 돌아가는 중 형 에서가 400명을 이끌고 오는 중이라는 소식을 들었을 때입니다.

심히 두려운 야곱은 일단 가축 떼들을 두 무리로 나누어 형에게 보냅니다. 예물을 통해 형이 혹시 감정을 풀까 싶어서였습니다. 그리고 밤에 가족들을 깨워 나머지 소유와 함께 얍복 나루를 건너게 하고 그는 혼자 남았습니다. 그때 야곱 앞에 어떤 사람이 나타납니다. 그리고 두 사람은 날이 샐 때까지 씨름을 합니다.

그때 그 어떤 사람이 야곱의 환도 뼈를 쳐서 부러뜨렸습니다. 하지만 야곱은 끝까지 그 사람을 놓지 않습니다. 그 사람은 곧 하나님이었고, 야곱은 축복을 주지 않으면 가게 하지 않겠다고 끈질기게 붙들었습니다. 그렇게 간절하고 끈질기게 붙든 결과 야곱은 형 에서와 화해할 수 있었으며, 놀라운 복까지 받게 되었습니다. 우리도 이렇게 야곱처럼 하나님과 담판 짓는 기도의 사람이 되어야 하지 않겠습니까?

사람은 인생을 살다 보면 내리막길로 내려갈 때가 있고, 오르막길을 올라야 할 때도 있습니다. 인생의 흐름 속에서 "주님!" 하고 외치며 살려달라고 할 때가 있습니다. 그때마다 형에게 가축 떼를 보냈던 야곱처럼 인간의 방법을 쓰지 않아야 합니다. 처음부터 하나님께 믿음으로 부르짖는 사람이 되어야 합니다.

다윗의 기도

시편 59편은 사울이 다윗을 죽이기 위해 사람을 보내어 집을 지키던 그때 지은 시로써, 다윗은 이렇게 자기 삶에 환난이 폭풍처럼 휘몰아쳤지만 오직 하나님만을 의지하며 기도했습니다.

3,000명의 정예군을 이끌고 오는 사울 왕에게 추격을 당했어도, 이스라엘 전 국민에게 다윗을 만나면 죽이든지 고발하라는 어명이 내려져 이웃 나라 블레셋으로 도망가는 신세가 되었어도 그는 낙심하거나 좌절하지 않았습니다. 자신을 이스라엘의 왕으로 세우실 것이라는 하나님의 약속을 믿었기 때문입니다.

그런데 아무리 하나님께서 왕으로 세우시겠다는 약속을 하셨다지만 현실은 사울에게 쫓고 쫓기는 상황인데 다윗은 정말 원망 한 마디 하지 않았을까요? 그렇습니다. 그는 끝까지 하나님을 원망하지 않았습니다. 더욱 하나님의 약속을 붙들고 끊임없이 부르짖었습니다. 하나님을 향한 신실한 믿음을 저버리지 않았습니다. 그리고 하나님은 이런 다윗의 믿음을 기뻐 받으시고 높이 사셨습니다.

다윗의 이 믿음은 시편 23편에 잘 나타나 있습니다.

여호와는 나의 목자시니 내게 부족함이 없으리로다 그가 나를 푸른 풀밭에 누이시며 쉴만한 물가로 인도하시도다 내 영혼을 소생시키시고 자기 이름을 위하여 의의 길로 인도하시는 도다 내가 사망의 음침한 골짜기로 다닐지라도 해를 두려워하지 않을 것은 주께서 나와 함께 하심이라 주의 지팡이와 막대기가 나를 안위하시나이다 주께서 내 원수의 목전에서 내게 상을 차려 주시고 기름을 내 머리에 부으셨으니 내 잔이 넘치나이다 내 평생에 주의 선하심과 인자하심이 반드시 나를 따르리니 내가 여호와의 집에 영원히 살리로다 시 23:1-6

드디어 하나님은 어떤 상황에서도 끝까지 진실되게 믿고 기도하는 다윗을 이스라엘의 2대 왕으로 세우셨습니다. 이렇듯 하나님을 나의 삶의 주로 믿고, 부르짖는 자에게는 그 부르짖음의 내용이 현실로 실현됩니다.

감사로 하나님께 제사를 드리며 지존하신 이에게 네 서원을 갚으며 환난 날에 나를 부르라 내가 너를 건지리니 네가 나를 영화롭게 하리로다 시 50:14-15

환난 날에 나를 부르라는 말씀은 곧 하나님께 부르짖으라는 말씀입니다. 그런데 간혹 '나는 환난이 없어서 기도하지 않아도 된다'는 분이 있습니다. 그런 분은 환난이 없어 기도를 하지 않는 것이 바로 환난임을 기억하십시오.

내가 환난 중에 여호와께 부르짖었더니 내게 응답하셨도다 시 120:1

지금까지 신앙생활을 하면서 귀가 따갑도록 환난 중에 부르짖으라는 말씀을 들었을 것입니다. 그리고 분명 부르짖으면 응답하시는 하나님을 성경 말씀 속에서 무수히 보았을 것입니다. 그럼에도 환난 중에 부르짖지 않는다는 것은 아직 살만하다는 뜻일까요, 아니면 배짱일까요?

솔로몬의 기도

하나님이 참으로 땅에 거하시리이까 하늘과 하늘들의 하늘이라도 주를 용납하지 못하겠거든 하물며 내가 건축한 이 성전이오리이까 그러나 내 하나님 여호와여 주의 종의 기도와 간구를 돌아보시며 종이 오늘 주 앞에서 부르짖음과 비는 기도를 들으시옵소서 주께서 전에 말씀하시기를 내 이름이 거기 있으리라 하신 곳이 전을 향하여 주의 눈이 주야로 보시오며 주의 종이 이곳을 향하여 비는 기도를 들으시옵소서 주의 종과 주의 백성 이스라엘이 이곳을 향하여 기도할 때에 주는 그 간구함을 들으시되 주께서 계신 곳 하늘에서 들으시고 들으시사 사하여 주옵소

서 왕상 8:27-30

다윗 왕이 매우 늙어 침상에 누워 있을 때에 다윗의 넷째 아들 아
도니야가 스스로 왕이 될 것을 선언하였습니다. 그러자 위기를 느
낀 솔로몬의 어머니 밧세바가 나단 선지자와 더불어 다윗 왕에게
나아가 아도니야가 왕이 되려 한다는 사실을 알렸습니다.

그가 왕께 대답하되 내 주여 왕이 전에 왕의 하나님 여호와를 가리켜 여종에게 맹
세하시기를 네 아들 솔로몬이 반드시 나를 이어 왕이 되어 내 왕 위에 앉으리라
하셨거늘 왕 1:17

아내 밧세바의 말을 들은 다윗 왕은 주 하나님의 이름으로 맹세
하여 네 아들 솔로몬이 왕이 될 것이라고 선포했습니다. 그런데 솔
로몬의 어머니 밧세바는 비참하게 들어온 첩 아닙니까? 남편이 전
쟁터에 나가 싸울 때 다윗과 불륜을 저지르고 임신까지 한데다 사
건을 은폐하기 위한 다윗의 계략으로 남편까지 잃은 여자였습니다.
결국 궁으로 들어가 다윗의 아들을 낳았지만 아이는 심히 앓다 죽
고 그 후에 낳은 자식이 솔로몬 아닙니까? 그런 여자의 아들에게 왕
위를 물려준다니 정당합니까? 그러나 그럼에도 불구하고 솔로몬은
왕이 되었습니다. 하나님이 선택하셨기 때문입니다.

99

우여곡절 끝에 왕이 된 솔로몬은 하나님께 감사하는 마음으로 일천 번제를 드리며 이렇게 기도했습니다.

"나의 하나님 여호와여, 주께서는 주의 종인 저를 종의 아버지 다윗을 대신해서 왕이 되게 하셨습니다. 그러나 저는 어린아이와 같아서 무슨 일을 해야 하는지 판단할 수 있는 지혜가 없습니다. 저에게 주님의 백성을 다스릴 수 있도록 옳고 그름을 가려 판결할 수 있는 지혜를 주십시오."

그러자 하나님이 기뻐하시며 말씀하셨습니다.

너는 오래 사는 것이나 부자가 되는 것을 구하지 않았고 네 원수를 죽여 달라고 하지도 않았다 너는 바르게 판결할 수 있는 지혜를 구했다 그러므로 내가 너의 말대로 하겠다 나는 너에게 지혜와 슬기를 주겠다 너처럼 지혜로운 사람은 전에도 없었고 앞으로도 없을 것이다 뿐만 아니라 네가 구하지 않은 것까지도 주겠다 너는 부와 영광을 누릴 것이며 네 평생토록 너와 같은 왕은 어디에도 없을 것이다 만일 네 아버지 다윗처럼 네가 나를 따르고 내 율법과 명령을 잘 지켜 행하면 너를 오래 살도록 해주겠다 왕상 3:3-14

솔로몬이 지혜를 구하니 하나님이 기뻐하시며 부귀영화까지 주셨습니다. 그리고 아버지 다윗처럼 하나님을 따르고 율법과 명령을 잘 지키면 오래 살도록 해주겠다고 말씀하셨습니다.

왕이 된 솔로몬은 하나님께서 아버지인 다윗 왕에게 '네 아들 그가 내 이름을 위하여 성전을 건축하리라' 하신 말씀대로 하나님의 이름을 위하여 성전을 지었습니다. 솔로몬은 화려하고 아름답게 성전을 지었습니다. 모든 성전을 금으로 입히고 모든 장식 하나까지도 금으로 입혔습니다. 그렇게 성전을 위해 쓰인 금이 8톤 트럭으로 몇 대는 족히 될 거라고 합니다. 이렇게 성전을 지어 하나님께 바치며 솔로몬이 간구한 것이 있습니다.

솔로몬이 여호와의 제단 앞에서 이스라엘의 온 회중과 마주 서서 하늘을 향하여 손을 펴고 왕상 8:22

솔로몬은 무엇을 간구했을까요? 이 정도의 성전을 지어 바치니 구하는 것 또한 크지 않았을까요? 보통 인간이라면 풍족해도 구하는 것이 돈, 명예, 건강, 권세인데 솔로몬도 마찬가지였을까요?

아닙니다. 7년여 동안 힘들게 성전을 지은 솔로몬이 하늘을 향하여 손을 펴고 기껏 구한 것은 바로 기도를 들어달라는 것이었습니다. 백성들과 성전을 향하여 기도할 때에, 솔로몬 자신이 부르짖을 때에 부르짖는 대로 들어주시고 응답해 달라는 기도였습니다. 심지어 이방인이라도 성전을 향하여 기도하거든 부르짖는 대로 이루어

달라고 기도했습니다. 왜였을까요? 솔로몬이 욕심이 없는 사람이었기 때문일까요?

솔로몬은 중요한 진리를 알았던 것입니다. 돈, 건강, 명예, 권세 이 모든 것은 한순간 사라질 바람과도 같지만, 기도는 바람처럼 사라지지 않으며 하나님께서 빠짐없이 들으신다는 것과, 기도마다 응답받는 사람은 그 누구도 이길 수 없다는 것을 말입니다.

여러분은 지금까지 하나님 앞에 무엇을 구하셨습니까? 그리고 앞으로 무엇을 구하여야겠습니까? 솔로몬의 기도를 깊이 묵상하며, 그동안 하나님께 드려왔던 기도를 점검해보고, 기도의 방향을 새롭게 잡아보시길 바랍니다.

히스기야의 기도

앗수르의 산혜립 왕은 당시 세계 최강의 군대를 끌고 유다의 견고한 성읍들을 쳐서 점령한 뒤 히스기야 왕을 위협했습니다. 겁이 난 히스기야 왕은 제발 돌아가 주기만 하면 원하는 것을 주겠다고 말합니다. 산혜립은 은 삼백 달란트와 금 삼십 달란트를 원했고, 히스기야는 성전 기둥에 입힌 금까지 벗겨 산혜립이 원하는 것보다 더 많은 은과 금을 주었습니다. 하지만 산혜립은 또다시 히스기야를 위협하며 편지를 보냅니다.

너희는 유다의 왕 히스기야에게 이같이 말하여 이르기를 네가 믿는 네 하나님이 예루살렘을 앗수르 왕의 손에 넘기지 아니하겠다 하는 말에 속지 말라 앗수르의 여러 왕이 여러 나라에 행한바 진멸한 일을 네가 들었나니 네가 어찌 구원을 얻겠느냐 내 조상들이 멸하신 여러 민족 곧 고산과 하란과 레셉과 들라살에 있는 에덴 족속을 그 나라들의 신들이 건졌느냐 하맛 왕과 아르밧 왕과 스발와임 성의 왕과 헤나와 아와의 왕들이 다 어디 있느냐 하라 하니라 히스기야가 사자의 손에서 편지를 받아보고 여호와의 성전에 올라가서 히스기야가 그 편지를 여호와 앞에 펴 놓고 왕하 19:10-14

히스기야는 편지를 들고 성전에 들어가 하나님 앞에 펼쳐 놓고 기도합니다.

여호와여 귀를 기울여 들으소서 여호와여 눈을 떠서 보시옵소서 산헤립이 살아 계신 하나님을 비방하러 보낸 말을 들으시옵소서 여호와여 앗수르 여러 왕이 과연 여러 민족과 그들의 땅을 황폐하게 하고 또 그들의 신들을 불에 던졌사오니 이는 그들이 신이 아니요 사람의 손으로 만든 것 곧 나무와 돌 뿐이므로 멸하였나이다 우리 하나님 여호와여 원하건대 이제 우리를 그의 손에서 구원하옵소서 그리하시면 천하 만국이 주 여호와가 홀로 하나님이신 줄 알리이다 하니라

왕하 19:16-19

그날 밤, 여호와의 사자가 앗수르의 진영에서 앗수르의 군사 십팔만 오천 명을 모두 죽였습니다. 그리고 이날 죽지 않고 살았던 산헤립은 니느웨로 돌아와 그가 믿는 신 니록스의 신당에서 절을 하다 두 아들의 칼에 처참한 죽음을 맞이했습니다.

히스기야가 무엇을 했습니까? 히스기야는 산헤립이 보낸 편지를 펴놓고 하나님께 기도했을 뿐입니다. 그러자 히스기야의 기도를 들으신 하나님께서 하룻밤 사이에 산헤립의 군사 십팔만오천 명의 생명을 거둬가시고 그 후 산헤립의 생명까지 거두신 것입니다. 기도의 힘은 이렇게 강합니다.

이제 우리도 히스기야처럼 운명을 바꿉시다. 운명을 바꾸는 열쇠는 다른 곳에 있지 않습니다. 바로 내 기도 안에 있습니다. 그러므로 믿음으로 소리 높여 기도합시다. 기도는 운명을 바꿉니다.

에스더의 기도

왕비가 된 에스더는 자신을 딸처럼 기른 사촌 모르드개로부터 급한 전갈을 받았습니다. 전갈의 내용은 장군 하만이 민족인 유다인을 죽이려 하니 왕에게 나아가 민족을 위해 아뢰어 달라는 부탁이었습니다. 그러자 에스더는 왕이 부르지 않은지 30일이 지났으며, 남녀를 막론하고 왕의 부름도 없이 왕 앞에 나아가면 죽음이라는 답신을 보냈습니다. 그러자 모르드개로부터 답이 왔습니다.

모르드개가 그를 시켜 에스더에게 회답하되 너는 왕궁에 있으니 모든 유다인 중에 홀로 목숨을 건지리라 생각하지 말라 이 때에 네가 만일 잠잠하여 말이 없으면 유다인은 다른 데로 말미암아 놓임과 구원을 얻으려니와 너와 네 아버지 집은 멸망하리라 네가 왕후의 자리를 얻은 것이 이 때를 위함이 아닌지 누가 알겠느냐 하니 에 4:13-14

   모르드개의 글을 읽은 에스더는 즉각 답신을 보냅니다.

당신은 가서 수산에 있는 유다인을 다 모으고 나를 위하여 금식하되 밤낮 삼 일을 먹지도 말고 마시지도 마소서 나도 나의 시녀와 더불어 이렇게 금식한 후에 규례를 어기고 왕에게 나아가리니 죽으면 죽으리이다 하니라 에 4:16

   에스더는 모르드개에게 말한 대로 온 유다인들과 밤낮 삼 일간 먹지도, 마시지도 않고 금식하며 기도를 했습니다. 그리고 삼 일에 에스더는 드디어 왕궁 안뜰에 서서 왕을 기다렸습니다. 이렇게 에스더가 규례를 어기고 왕이 부르지도 않았는데 왕 앞에 설 수 있었던 것은 금식하며 부르짖었던 기도가 철저히 뒷받침되었기 때문입니다. 그리고 하나님만을 믿고 의지했을 때 발산되는 죽으면 죽으리라는 에스더의 담대함 때문이었습니다.

에스더는 그 후 왕에게 두 번의 잔치를 베풀었고, 소원을 말하면 들어주겠다는 왕에게 민족이 죽게 되었으니 살려달라고 간청합니다. 그러자 왕은 그런 일을 계획한 사람이 누구냐고 묻습니다. 에스더는 망설일 것 없이 하만 장군을 지목했습니다. 결국, 하만은 모르드개를 죽이려고 만든 장대에 자기가 달려 죽고 열 아들까지 몰살당했습니다. 그리고 죽을 뻔했던 유다인은 구원을 받았습니다.

에스더는 민족을 구하기 위해 무엇을 했습니까? 금식하며 기도했습니다. 그리고 하나님을 믿고 왕에게 담대히 나아갔습니다.

기도는 능력입니다. 세상의 어떤 힘과도 비교할 수 없는 가장 강력한 힘입니다. 기도하십시오. 기도하여 기도의 능력을 받으시기 바랍니다.

Part 3
성령으로
인도함을 받는
기도

일부 보수적인 분들은 방언을 금하고 있으며 심지어는 방언 자체를 이단시하는 분들도 있습니다. 개중^{個中} 인터넷 블로그나 기독교 관련 질문 게시판에서는 방언은 성령의 은사가 아니라거나, 방언 자체를 부정하거나, 성경적이지 못하다며 방언을 반박하는 글도 심심찮게 볼 수 있습니다. 그러나 성경에는 분명히 말하고 있습니다.

믿는 사람들에게는 이런 표징들이 따를 터인데 곧 그들은 내 이름으로 귀신을 쫓아내며 새 방언으로 말하며 막 16:17

예수님께서는 믿는 사람들에게는 표징들이 따를 텐데 그중 하나가 바로 방언이라고 말씀하셨습니다. 그리고 사도행전에서 그 표징이 나타났습니다.

마치 불의 혀같이 갈라지는 것들이 그들에게 보여 각 사람 위에 하나씩 임하여 있

109

더니 그들이 다 성령의 충만함을 받고 성령이 말하게 하심을 따라 다른 언어들로 말하기를 시작하니라 행 2:3,4

성령의 충만함을 받은 제자들과 그날 함께 모인 사람들은 성령이 말하게 하심을 따라 다른 언어 즉, 방언으로 말하기 시작했습니다. 그리고 이렇게 시작된 방언은 성경에서만 그치지 않고 지금도 많은 성도들이 방언으로 기도하며 하나님과 뜨겁게 교통하고 있습니다.

또한 방언하므로 심령에 풍성한 열매를 맺고 있는 성도들이 그들의 입과 삶을 통해 방언을 간증하고 있습니다. 그러므로 방언이 성경적이지 못하다고 반박하거나, 방언 일체를 부정하는 것은 있을 수 없는 일입니다. 그런데도 방언에 대해 부정적인 견해를 보이는 분들은 아마 방언은 받았지만 방언의 감격과 은혜를 체험하지 못했거나, 방언을 받지 못한 분들이지 않을까 생각됩니다.

반면에 일부에서는 너무 극성스럽게 방언 예찬론을 펼치며 방언이 구원의 조건인 것처럼 주장하거나, 방언을 하나의 신비주의로 몰고 가는 등의 여러 부작용이 일고 있기도 합니다. 또한 일부 성도님들 중에는 성경 지식이 없는 상태에서 성령과 방언을 받아 무례한 일들을 일으켜 교회 안에 문제가 되는 경우도 있습니다. 그래서 방언에 대한 시각이 좋지 않은 것도 사실입니다.

그렇다면 도대체 이 방언이란 것은 무엇일까요?

방언이란?

방언을 말하는 자는 사람에게 하지 아니하고 하나님께 하나니 이는 알아듣는 자가 없고 영으로 비밀을 말함이라…내가 만일 방언으로 기도하면 나의 영이 기도하거니와 나의 마음은 열매를 맺지 못하리라 고전 14:2,14,

방언은 하나님께 영으로 비밀을 말하는 것입니다. 그런데 누가 하는 것입니까? 말씀에 '나의 영'이 기도한다고 되어 있습니다. 그러니까 방언은 나의 영이 하나님께 비밀을 말하는 것입니다. 하나님과 영적 소통을 하는 것입니다. 성령을 통해 하나님의 뜻을 말하는 것입니다. 그래서 방언을 통역해보면 하나님의 뜻을 구할 뿐 세상의 정욕을 구하지 않습니다. 누군가를 비방하는 말도 없습니다.
　방언은 인간의 이성으로는 도저히 설명할 수 없는 언어입니다. 더군다나 이 설명할 수 없는 언어로 하나님과 영적 교통이 이루어진다는 것은 너무나 놀랍고 신비롭고 감격스러운 일입니다.

방언의 종류

방언은 영어로 텅구스tongues라고 하며 헬라어로 글롯사glossa라고 합니다. 둘 다 공통적으로 혀를 뜻하며 텅구스는 언어, 글롯사는 혀로 행하는 어떤 의미를 말하기도 합니다.

 방언은 성경에서 두 가지로 구분됩니다. 먼저 사도행전 2장에서 오순절 날 제자들이 한 방언입니다. 이 방언은 듣는 자들의 말their own tongues 즉, 각 나라 사람들이 사용하는 외국어foreign language였습니다.

오순절 날이 이미 이르매 그들이 다같이 한 곳에 모였더니 홀연히 하늘로부터 급하고 강한 바람 같은 소리가 있어 그들이 앉은 온 집에 가득하며 마치 불의 혀처럼 갈라지는 것들이 그들에게 보여 각 사람 위에 하나씩 임하여 있더니 그들이 다 성령의 충만함을 받고 성령이 말하게 하심을 따라 다른 언어들로 말하기를 시작하니라 그 때에 경건한 유대인들이 천하 각국으로부터 와서 예루살렘에 머물러 있더니 행 2:1-4

 오순절에 마가의 다락방에 모인 제자들과 예수의 모친 마리아, 그리고 예수의 형제들을 포함한 120명은 함께 기도에 힘쓰고 있었습니다. 그때 갑자기 하늘에서 강한 바람 같은 소리가 나더니 혀 같은 것이 불길처럼 갈라지며 각 사람 위에 내려앉았습니다.

 예수님께서 하늘로 승천하시기 전에 '아버지가 말씀하신 그것을 기다리라' 하셨을 때의 바로 그것, 성령이 임한 것입니다.

이 소리가 나매 큰 무리가 모여 각각 자기의 방언으로 제자들이 말하는 것을 듣고 소동하여 다 놀라 신기하게 여겨 이르되 보라 이 말하는 사람들이 다 갈릴리 사람이 아니냐 우리가 우리 각 사람이 난 곳 방언으로 듣게 되는 것이 어찌 됨이냐 우리는 바대인과 메대인과 엘람인과 또 메소보다미아, 유대와 갑바도기아, 본도와 아시아, 브루기아와 밤빌리아, 애굽과 및 구레네에 가까운 리비야 여러 지방에 사는 사람들과 로마로부터 온 나그네 곧 유대인과 유대교에 들어온 사람들과 그레데인과 아라비아인들이라 우리가 다 우리의 각 언어로 하나님의 큰 일을 말함을 듣는도다 하고 행 2:5-11

성령이 임하여 방언을 하자 절기를 지키기 위해 예루살렘으로 모여 든 천하 각국의 유대인들은 깜짝 놀랐습니다. 갈릴리 지방의 사람인 제자들이 각기 자신들이 살고 있는 지방의 언어로 하나님의 큰일, 복음을 말하고 있었기 때문입니다. 유대인들은 무척 놀라고 신기해했습니다. 그러니까 이날의 방언은 쉽게 말해 우리가 알고 있는 '알아들을 수 없는 방언'이 아니라, 각국의 언어로 말하는 '알아들을 수 있는 방언'이었던 것입니다.

그런데 한 가지 알아야 할 것은 처음 이 세상의 언어는 하나였다는 사실입니다.

또 말하되 자 성읍과 탑을 건설하여 그 탑 꼭대기를 하늘에 닿게 하여 우리 이름을 내고 온 지면에 흩어짐을 면하자 하였더니 여호와께서 사람들이 건설하는 그 성읍과 탑을 보려고 내려오셨더라 여호와께서 이르시되 이 무리가 한 족속이요 언어도 하나이므로 이같이 시작하였으니 이후로는 그 하고자 하는 일을 막을 수 없으리로다 자, 우리가 내려가서 거기서 그들의 언어를 혼잡하게 하여 그들이 서로 알아듣지 못하게 하자 하시고 여호와께서 거기서 그들을 온 지면에 흩으셨으므로 그들이 그 도시를 건설하기를 그쳤더라 그러므로 그 이름을 바벨이라 하니 이는 여호와께서 거기서 온 땅의 언어를 혼잡하게 하셨음이니라 여호와께서 거기서 그들을 온 지면에 흩으셨더라 _{창 11:4-9}

노아 시대에 홍수 사건으로 모든 인류는 물에 잠겨 죽었습니다. 살아남은 사람들은 오직 노아의 가족 여덟 명뿐이었습니다. 그렇게 살아남은 노아의 가족들에 의해 인류는 번성했으나 '또 물로 심판받아 죽게 되면 어떻게 하나!' 하는 두려움과 자신을 높이 드러내려는 교만한 마음으로 시날 땅에 바벨탑을 높이 쌓아 올렸습니다. 그때 그들을 바라보시던 하나님께서 말씀하셨습니다.

여호와께서 이르시되 이 무리가 한 족속이요 언어도 하나이므로 이같이 시작하였으니 이후로는 그 하고자 하는 일을 막을 수 없으리로다 자 우리가 내려가서 거기서 그들의 언어를 혼잡하게 하여 그들이 서로 알아듣지 못하게 하자 하시고 _{창 11:6-7}

하나님은 언어를 혼잡하게 하셨습니다. 하나였던 언어가 나뉘어 서로의 말을 알아들을 수가 없게 되었습니다. 이를테면 분명 같은 언어를 사용했는데 한 사람은 영어로 이야기하고, 한 사람은 중국어로 이야기하는 일이 벌어진 것입니다. 서로의 말을 알아듣지 못하게 되자 바벨탑은 더는 쌓을 수 없었고, 언어가 나뉜 사람들은 함께 살 수가 없어 이 땅에 뿔뿔이 흩어져 살게 되었습니다.

그런데 오순절에 이 창세기 11장의 재앙이 회복된 것입니다. 제자들의 방언을 그곳에 있던 각국의 사람들이 다 알아들은 것입니다. 무엇을 알아들었냐 하면 복음을 알아들었습니다. 그러니까 오순절의 방언은 복음을 전하기 위한 방언이었으며, 방언으로 각국의 이방인들에게 한 번에 복음을 전할 수 있었던 것입니다. 이것은 너무나도 놀라운 표적^{초자연적인 능력}이었습니다.

두 번째는 바울이 말하는 방언입니다.

방언을 말하는 자는 사람에게 하지 아니하고 하나님께 하나니 이는 알아듣는 자가 없고 그 영으로 비밀을 말함이라 고전 14:2

오순절 날 사람이 알아들을 수 있던 외국어 방언과 다르게 바울이 말하는 고린도전서의 방언은 누구도 알아들을 수 없는 신비의 언어를 말합니다. 우리가 흔히 알고 있는 방언을 생각하시면 됩니다.

NASB 한영성경의 주석에는 이 방언을 '습득한 일이 없는 신비한 말, 곧 하늘 언어를 무아지경에서 말하는 것을 가리킨다'라고 되어 있습니다.

그런데 알아듣지도 못하는 이 방언을 왜 하느냐고 탐탁지 않아 하는 분들이 있습니다. 분명히 알아야 할 것은 방언기도는 오직 하나님이 들으시는 기도이지 내가 듣기 위한 기도가 아니라는 것입니다. 정확히 말해 방언은 하나님께 영으로 비밀을 말하는 것이므로 하나님 밖에 들으실 수 없습니다.

정리하면, 성경에 나오는 방언은 두 가지입니다. 하나는 외국어 방언과 또 하나는 알아듣지 못하는 방언입니다. 외국어 방언은 각 국의 언어를 배우지 않았지만 성령께서 필요에 따라 그 나라, 그 지역의 언어로 복음을 전할 때 사용하게 하십니다.

지금도 현지어를 모르고 간 목사, 선교사, 사역자들이 성령님의 인도 하심으로 그 지역의 현지어로 복음을 전하고, 기도를 해주고, 찬양을 불렀다는 간증이 들려오기도 합니다. 또 하나는 우리가 알고 있는 '알아듣지 못하는 방언'입니다. 이 방언은 교회에서, 가정에서, 그 외 여러 기도의 자리에서 성령이 이끄시는 대로 뜨겁게 사용되고 있습니다. 참고로 어떤 분들은 이 알아듣지 못하는 방언을 '하늘의 언어'라 지칭하기도 합니다.

방언의 유익

"알아듣지도 못하는 방언을 하면 뭐가 좋습니까?"라고 묻고 싶은 분들이 있을 것입니다. 우선 성령께서 주신 모든 은사는 쓸데없는 것이 없다는 것입니다. 주님의 일을 위해 하나같이 귀하게 쓰여집니다. 먼저 일반적인 기도와 마찬가지로 방언기도도 때와 장소에 상관없이 할 수 있다는 것입니다. 늘 하나님을 생각하며 그분의 은혜에 감격하는 사람은 설거지를 하는 중에도 성령이 충만하여 방언으로 기도하며 하나님과 교제를 나눌 수 있습니다.

차가 막혀도 전혀 짜증 내지 않습니다. 그 시간 방언으로 기도하면 하나님과 깊이 교통할 수 있어 그 시간이 오히려 행복하기 때문입니다. 단, 운전 중이니 눈을 뜨고 기도해도 무방합니다.

어떤 분은 산책을 하면서 하나님께 기도하는 시간이 참 좋다고 합니다. 하나님이 지으신 자연 만물을 바라보며 오직 하나님만이 들으시는 방언으로 기도를 하며 걷는다 생각해 보십시오. 생각만으로도 마음이 기쁘고 따스해지지 않습니까?

또한 방언으로 기도하면 기도가 더 깊어지고 강력해집니다. 영적으로 민감해지고, 영적 감각이 생겨 기도 중에 하나님께서 주시는 말씀에 반응하게 됩니다. 그리고 방언으로 기도하면 끊임이 없고, 막힘이 없습니다. 또한 방언으로 찬양도 할 수 있고, 방언으로 성경도 읽을 수 있습니다.

어떤 분 중에 매일 새벽과 밤에 성전에서 기도하는 분이 있었습니다. 그런데 그분에게 고민이 하나 있었습니다. 기도는 참 뜨겁게 잘 되는데 성경이 읽혀지지 않아 고민이었습니다. 그래서 이 방법, 저 방법을 써가며 성경을 읽었지만 번번이 한 장도 채 읽지 못하고 덮어버리기 일쑤였습니다. 도저히 안 되겠던지 그분은 기도 시간마다 애타는 심정으로 하나님께 도움을 요청했습니다. 도무지 눈에 들어오지 않는 성경이 읽혀지게 해달라고 말입니다.

그러던 어느 날이었습니다. 가만히 소파에 앉아 있는데 이런 생각이 들더라는 것입니다.

"방언으로 읽어볼까?"

그러자 갑자기 혀가 안달 난 것처럼 간질간질하기 시작하더니 성경을 펴자 방언으로 말씀이 술술 읽혀 내려가더라는 것입니다. 상상이 되십니까? 더군다나 눈은 한글로 된 성경 말씀을 따라가고, 입은 방언으로 성경 말씀을 읽어 내려가니 얼마나 헷갈리겠습니까! 그런데 전혀 내용이 헷갈리지 않더라는 것입니다.

오히려 말씀이 눈에 쏙쏙 들어오고, 말씀 한 절 한 절이 가슴에 깊이 새겨지더라는 것입니다. 또한 하나님의 마음, 성경의 여러 인물들의 마음이 느껴져 울며 성경을 읽었다고 합니다. 또 한 가지 놀라운 것은 하나님께서 하신 말씀은 위엄 있게, 하나님의 말씀을 전하는 사람들의 말은 기쁘고 즐거운 목소리로 읽혀졌다는 것입니다. 전혀 본인의 의도와는 상관없이 말입니다.

그날 그분은 그 자리에서 성경을 서른 장 읽었다고 합니다. 불과 어제까지만 하더라도 한 장도 버거워 쩔쩔매던 분이 말입니다. 그 후로 7년이 지난 지금까지 그분은 성경을 꾸준히 읽는 것은 물론, 성경 말씀의 비밀을 알아가며 성경 읽기를 즐겨하고 있습니다.

그분이 말씀하시길 '방언으로 읽어볼까?' 하고 생각한 것은 자신의 의지가 아니라 성령님께서 감동을 주신 것이며, 곧 기도의 응답이었다고 말합니다. 그리고 우리는 성경을 읽는 것조차 내 의지로 할 수 없는 나약한 인간이라고 고백합니다.

그 후에도 한동안은 방언으로 성경을 읽었다고 합니다. 그런데 성경을 꾸준히 읽는 자세가 잡히자 어느 날부턴가 방언으로 성경을 읽을 수가 없게 되었다고 합니다.

그분이 성경을 읽기까지 무엇을 했습니까? 성경이 읽혀지기를 간절히 바라며 기도했습니다. 그러자 하나님께서는 생각지 않은 방법으로 성경을 읽게 하셨습니다. 그분 표현대로라면 성령이 감동을 주시고 그분을 도와 함께 성경을 읽으신 것입니다.

스피릿 라이프 성경 대학의 설립자 로버츠 리어든 목사는 〈방언

기도는 즐겁다^{규장 刊})라는 책에서 방언기도는 '성령 충만을 받았다는 확신을 갖게 하며, 영적으로 강한 사람을 만든다. 영적인 사건들을 분별하는데 한층 민감해지고, 하나님을 신뢰하는 굳은 믿음이 생긴다'라고 방언의 유익에 대해 말하고 있습니다.

방언은 이렇게 성령 충만을 받은 확신과 영적으로 강한 사람으로 만듭니다. 그리고 눈에 보이지 않는 영적인 모든 일들을 분별할 수 있도록 영을 민감하게 만듭니다. 이 밖에도 각 개인마다 누리는 방언의 유익은 무궁무진할 것이라 생각합니다.

언어는 하나님이 우리 인간에게 준 최고의 축복입니다. 왜냐하면 사람은 말을 통해 세상을 살아가고, 말의 힘에 의하여 세계를 움직이기 때문입니다. 무엇보다 하나님께서는 말씀으로 세상을 지으셨고, 움직이고 계시기 때문입니다.

일본의 어느 수상이 있었습니다. 그는 수상이 될 만큼 뭔가 큰 업적을 세우거나 내세울 만한 것이 없는 사람이었습니다. 그런데 그가 수상이 되었습니다. 연설을 통해 민심을 얻었기 때문입니다. 이 말은 그의 말에 권세가 있었다는 뜻입니다.

이렇게 인간의 말에도 권세가 있는데 하물며 하나님께서 성령을 통하여 주신 방언은 어떻겠습니까? 방언으로 기도할 때 내 영을 괴롭히는 귀신이 떠나갑니다. 방언은 인간의 말이 아니라, 하나님의 권능이 임한 것이므로 귀신이 견디지 못해 떠나가는 것입니다.

방언기도를 깊이 하다 보면 하나님의 놀라운 은혜의 세계들을 보여주십니다. 그리고 하나님의 사랑과 감사함을 느끼게 하십니다.

일반적인 기도는 마음으로 하는 기도입니다. 한계가 있습니다. 그러나 방언기도는 한계가 없습니다. 성령이 인도하시는 한, 몇 시간이든 할 수 있습니다. 지치지 않고 말입니다. 그렇게 하나님과 몇 시간이든 교통할 수 있어 방언은 행복합니다.

방언은 축복입니다

어떤 어려운 문제가 생겼을 때 그 문제가 해결되기를 간절히 바라며 믿고 구하는 것이 기도입니다. 그런데 우리나라 말로 드리는 일반적인 기도는 모든 사정을 일일이 기도로 만들어내기가 쉽지 않습니다.

예를 들어 가정에 물질의 어려움이 있다면, 물질이 없어 어떠한 어려움을 겪고 있는지, 그로 인해 어떤 심정으로 살아가는지, 어떤 도움이 필요한지, 그 많은 이야기들을 기도로 만들어내기가 쉽지 않다는 말입니다. 그래서 중도에 기도가 막히거나, 기도를 하다 마는 경우가 생기기도 하는 것입니다.

하지만 방언은 성령께서 내 혀를 주장하여 나의 문제를 나보다 더 정확히 쏟아내게 하십니다. 그래서 내가 일일이 다 말하기 위해 씨름할 필요가 없습니다. 쉽게 말해 내가 이 말 해야지? 저 말 해야지? 고민할 것 없이 기도할 것들이 술술 풀려 나온다는 것입니다.

내가 무엇이 필요한지를 아시는 하나님께서 주실 것을 계획하시고, 그 계획하신 것을 내 마음에 소망으로 넣어주셔서 고백하게 만드신다는 것입니다. 아주 쉬운 예를 들면 이런 경우입니다.

아내가 돈이 좀 필요한 걸 알게 된 남편이 돈을 줄 것을 계획하고 물었습니다.

"여보, 돈 필요하지? 오백만 원 정도 필요한가?"

"어떻게 알았어요? 실은 엄마 병원비가 그 정도 나올 것 같아요. 딱 오백만 원만 있었으면 좋겠어요."

"그럼 나한테 달라고 해봐."

"당신이 무슨 돈이 있다고."

"달라고 해보라니까?"

"좋아요. 그럼 나 오백만 원만 주세요."

그러자 남편은 거침없이 준비한 오백만 원을 아내에게 턱 내주었습니다. 이처럼 하나님은 예화의 남편처럼 필요한 것을 아시고, 줄 것을 계획하시고, 소망을 품게 하시고, 방언기도를 통해 고백하시게 하신다는 것입니다. 그리고 응답해 주신다는 것입니다. 이 얼마나 축복입니까?

때론 살면서 이 문제, 저 문제에 부딪히다 보면 하나님께 도움을 얻어야 할 문제가 한두 가지가 아님에도 불구하고 무엇을 기도해야 할는지 조차 모르는 분들이 있습니다. 이런 분들의 기도 제목을 받아보면 전혀 엉뚱한 기도 제목을 써놓았습니다.

그래서 어떤 경우에는 전화로 "지금 이 기도 제목이 아니라 이걸 기도해야 하는 거 아니요?"라고 물어볼 때가 있습니다. 그러면 "아! 그러네요, 목사님. 저는 생각도 못 했어요. 어떻게 기도하면 되죠?" 하는 분들이 있습니다. 본인은 무엇을 기도해야 하는지조차 모르고 있었던 것입니다.

그러나 하나님은 정확히 아신다는 것입니다. 아시고 방언기도 가운데 생각을 끌어내게 하시고, 그것을 마음에 담아 방언으로 고백하게 하셔서 응답을 하십니다. 하나님이 하신다는 말입니다. 나의 문제를 해결해주신다는 것입니다. 한마디로 정리하자면 주실 분이 주실 것을 위해 기도를 시키시고, 기도하면 주신다는 것입니다. 이 사실은 그 어느 것과도 비교할 수 없는 축복입니다. 축복이 방언 속에 있습니다.

저는 나이 삼십이 다 되도록 방언에 대해 들어보지를 못했었습니다. 이십 대 후반쯤 친구에게 방언에 대해 듣고 친할머니께 여쭈어 봤다가 "그거 이단이니까 그 친구는 상대도 하지 마라"는 말씀에 방언을 경계했습니다. 방언은 무식한 사람들이나 하는 것이고, 이단이나 하는 것인 줄 알았습니다.

그런데 어느 날부터 방언을 사모하기 시작했고, 방언을 받게 되었습니다. 저는 그날 굉장히 충격이었습니다. 입에서 내 의지와 상관없이 생전 처음 들어보는 언어가 나와서라기보다 하나님이 정말 계신다는 사실이 새삼 충격이었습니다.

사실 방언을 받기 전, 내 안의 하나님은 계시다 말다 했습니다. 사는 형편이 좀 나아지면 살아계신 것 같아서 믿어드리고, 어려워지면 '계시면 좋겠다'는 정도였습니다. 그런데 방언기도를 하게 되니 정말 살아계심이 믿어졌습니다.

그리고 방언을 받기 전과 후가 달라졌습니다. 방언을 받기 전에는 달랑 5분 기도했습니다. 5분 기도로 인생을 아슬아슬하게 살았던 것입니다. 그런데 방언을 받은 후에는 5분을 훌쩍 뛰어넘어 오랫동안 기도를 하게 되었고, 인생을 아슬아슬하게 살지 않게 되었습니다.

말씀도 마찬가지입니다. 주일이 되면 꼬박꼬박 교회에 잘 나가서 목사님 말씀도 이성적으로 판단하며 잘 들었습니다. 성경 지식도 꽤 있어서 교회에서 성경 말씀 시험을 보면 상도 여러 번 탔습니다.

그러나 지식은 지식일 뿐이었습니다. 믿음은 전혀 성장하지 않았습니다. 그런데 방언을 받고 기도를 하면서부터 성경이 믿어지기 시작했습니다. 머리로 믿어지는 게 아니라 정말 내 마음에서 믿어졌습니다. 말씀이 믿어진다는 건 축복입니다. 말씀에는 하나님의 약속이 있고, 진리와 능력이 있고, 계명이 있고, 선포가 있고, 하나님의 사랑이 있습니다. 그리고 가장 중요한 복음이 있습니다.

이 모든 말씀을 믿고 따르고 행한다면 하나님께는 영광이요, 내게는 얼마나 축복이겠습니까? 방언을 사모하십시오. 방언을 통하여 성령께서 복된 길로 인도해주십니다.

나도 방언을 받을 수 있나요?

결론부터 말하자면 "그렇습니다. 당신도 방언을 받을 수 있습니다." 많은 분들이 방언은 특별한 사람만 받는 것이라는 오해를 하고 있습니다. 그러나 방언은 교회를 오래 다닌 사람만 받는 것이 아닙니다. 특별히 목사, 장로, 권사만 받는 것이 아닙니다. 방언은 전적으로 예수님을 영접하고 믿고 따르는 자에게 자격이 주어지며, 성령께서 그분의 뜻에 따라 주시는 것입니다. 그렇기 때문에 사모해야 합니다. 하고자 하는 사모함이 있을 때 성령께서 주십니다.

사모하십시오! 성경을 보면 방언은 성령 충만한 자에게 안수받을 때 임했습니다.

아볼로가 고린도에 있을 때에 바울이 윗지방으로 다녀 에베소에 와서 어떤 제자들을 만나 이르되 너희가 믿을 때에 성령을 받았느냐 이르되 아니라 우리는 성령이 계심도 듣지 못하였노라… 바울이 그들에게 안수하매 성령이 그들에게 임하시므로 방언도 하고 예언도 하니 _행 19:1,2,6

바울이 에베소에서 어떤 제자들을 만났습니다. 그는 그들에게 성령을 받았는지 물었습니다. 그러자 그들은 성령이 있다는 것조차 듣지 못했다고 답했습니다. 바울은 그들에게 안수를 해주었고, 그 순간 성령께서 그들에게 임하셔서 방언도 하고 예언도 하게 되었습니다.

그런데 안수받는다고 누구나 성령 받고 방언을 받는 것이 아닙니다. 다시 말하지만 예수님을 영접하고 믿고 따르는 자에게 주어지는 것입니다. 그리고 방언은 성령 충만한 자와 함께 기도할 때 임합니다. 마치 호수에 돌을 던지면 일어나는 파장처럼 성령 충만한 사람과 함께 기도할 때 그 사람으로부터 성령이 파장되어 성령이 임하고 방언이 터져 나오는 경우도 있습니다.

언젠가 화요행복학교 강의 시간에 일어난 일입니다. 강의가 끝나고 점심 먹기 전 "방언을 사모하시는 분들은 기도합시다!" 하고 20여 분 정도 기도를 했습니다. 모두들 방언을 사모하며 간절히 기도하기 시작했고, 저 역시 모두에게 성령이 임하여 방언 받기를 간절히 원하며 기도로 도왔습니다. 그날 대부분이 성령을 받고 방언으로 기도하기 시작했습니다. 성전 안은 주체할 수 없이 흘러나오는 방언소리로 가득했습니다. 어떤 분들은 방언을 하며 흐느껴 울기도 하고, 손을 들고 기쁜 표정으로 방언을 하는 등 여러 모습으로 성령님의 인도 하심을 받고 있었습니다. 그런데 지금까지 방언을 설명할 때 빠지지 않고 나오는 분이 계십니다. 바로 성령님입니다.

성령님은 누구신가요?

성령님에 대해 이야기하자면 한도 끝도 없습니다. 밤새 이야기를 해도 모자랄 것입니다. 아마 성령을 받고 성령 충만하여 그분을 경험하고 인도함을 받는 분들은 공감하시리라 생각됩니다.

우선 성경에는 성령이 불^{행2:3}과 비둘기^{마3:16}, 바람^{행2:2} 등으로 상징되고 있으며, 성령을 성경 곳곳에서는 하나님의 영, 은혜의 성령, 예수의 영, 보혜사, 진리의 성령이라고 명칭하고 있습니다.

그리고 예수님께서는 바로 이 성령으로 잉태되셨고,

예수 그리스도의 나심은 이러하니라 그의 어머니 마리아가 요셉과 약혼하고 동거하기 전에 성령으로 잉태된 것이 나타났더니 마 1:18

성령을 받으신 후 사역을 시작하셨으며,

예수께서 세례를 받으시고 곧 물에서 올라오실새 하늘이 열리고 하나님의 성령
이 비둘기같이 내려 자기 위에 임하심을 보시더니 마 3:16장

성령 충만하여 병든 자를 고치시고, 마귀를 결박하시고, 수많은
기적을 보이시고, 복음을 전하시며 3년 동안 사역을 하셨습니다.

주의 성령이 내게 임하셨으니 이는 가난한 자에게 복음을 전하게 하시려고 내게
기름을 부으시고 나를 보내사 포로된 자에게 자유를 눈먼 자에게 다시 보게 함을
전파하며 눌린 자를 자유롭게 하고 주의 은혜의 해를 전파하게 하려 하심이라 하
였더라 눅 4:18-19

성령을 한마디로 말하자면 그분은 성도들이 하나님을 잘 믿을 수
있도록 돕는 분이십니다. 오직 하나님의 자녀로, 하나님만을 믿고
의지하며, 그분의 영광을 드러내고, 그분을 기쁘시게 하는 삶을 살
도록 끊임없이 이끄시고 도와주시는 분이십니다.
또한 성령님은 우리 안에 계시며 말씀을 읽고, 들을 때에 이해되
게 하시며, 행동, 말, 생각에 있어 잘못된 것은 깨닫게 하시며 인격
이 변화되도록 도우십니다. 혈기와 분노가 가득했던 성격을 변화되

게 하시며, 어떠한 상황이 닥쳤을 때 문제가 아닌 하나님을 바라보도록 이끄십니다. 주님의 이름으로 누군가에게 필요한 것을 주게끔 감동을 주시기도 하시며, 담대히 복음을 전할 수 있도록 도우시고, 하나님 자녀로서의 가치관을 바로 세워주십니다.

영적으로 연약하여 졌을 때 필요한 말씀을 읽고, 듣게 하시고, 기도하지 않을 때 기도의 자리에 가도록 마음을 부채질하시며, 사단에게 속지 않도록 영적 감각이 무디어지지 않게 늘 기도로 깨어있게 하십니다. 깨끗지 못한 양심이 선한 양심이 되도록 마음을 움직이십니다. 죄를 깨닫게 하시고 회개하게 하십니다. 혹, 똑같은 죄를 반복하려 할 때 양심을 찔리게 하십니다. 또한 여러 은사를 선물로 주십니다. 그중 하나가 바로 방언인 것입니다.

이 밖에도 성령님이 하시는 일들은 끝이 없습니다. 각자마다 그분이 하시는 일들은 다르기에 간증 또한 넘쳐날 것입니다. 그런데 성령은 어떻게 받는 것일까요?

베드로가 이르되 너희가 회개하여 각각 예수 그리스도의 이름으로 세례를 받고 죄 사함을 받으라 그리하면 성령의 선물을 받으리니 행 3:28

이 책을 읽고 있는 분 중에는 이미 성령을 선물로 받은 분이 있을 것입니다. 반면 초신자이거나 확신 없이 겨우 교회 문턱만 드나드는 분들은 성령을 받지 못하였을 것입니다. 그런 분들에게 권합니다. 반드시 회개하고, 예수의 이름으로 세례를 받고 죄 사함을 받으시기 바랍니다.

그리고 성령을 선물로 받으십시오. 성령 없이 하나님 계심을 확신할 수 있는 사람은 없습니다. 성령을 경험해야 주님이 정말 살아 계신 것을 확신할 수 있습니다. 그리고 성령을 받은 후에는 성령 충만해야 합니다. 새벽기도, 금요철야기도, 중보기도 등 소리 내어 기도할 수 있는 자리에서 성령 충만을 사모하며 간절히 하나님께 부르짖으십시오.

〈비전성경 사전^{두란노 刊}〉에는 성령 충만을 이렇게 설명해 놓았습니다.

'성령 충만이란 성령으로 완전히 다스림 받는 것을 말한다. 다시 말하면 성령이 그 사람의 생각과 느낌과 말과 행동을 완전히 지배하는 것, 즉 성령의 감화로 살아가는 것을 말하는 것이다'

이렇게 성령님의 다스림을 받는 성령 충만한 사람은 겸손합니다. 자랑하지 않습니다. 하나님을 높이고 예수님을 증거합니다. 누가 시키지 않아도 예수님을 전하고 싶어 견딜 수 없습니다.

기도하는 것이 즐겁고, 앉아 있으면 졸기 바쁘던 예배가 은혜로워져서 말씀 하나 놓치지 않으려고 애를 씁니다. 함부로 말하지 않습니다. 죄를 미워합니다. 물질에 쪼들려도 마음은 평화롭고 행복합니다. 고난 앞에서도 염려하지 않습니다. 마음이 낙심될 상황에서도 마음이 그저 즐겁습니다. 성령 충만한 사람은 하루하루가 기쁘고 찬양이 흘러넘칩니다.

우리 교회에는 초등학생 중에 방언하는 아이들이 많습니다. 그 아이들이 성령 충만하여 하나님 앞에 두 손을 모으고 기도하는 모습을 보면 얼마나 예쁜지 모르겠습니다. 이렇게 어릴 때 성령을 받은 아이는 평생 걱정할 일이 없습니다. 성령께서 아이의 마음을 붙드셔서 더럽고, 부정하고, 어둡고, 나쁜 곳에 가지 못하도록 인도하시기 때문입니다.

성령은 어른들이나 받는 것이 아닙니다. 자녀들이 어릴 때부터 성령을 받을 수 있도록 기도와 말씀으로 도와주십시오. 이것이 참되고 지혜로운 부모의 모습입니다.

방언을 받아 봅시다

지금까지 방언과 성령님에 대해 말씀을 나눴습니다. 그럼 이제부터는 지금까지 나눈 말씀을 생각하며 부르짖을 수 있는 새벽예배, 중보기도, 금요철야 예배의 자리에 앉아 있음을 가정하여 글을 읽으시면 좋을 것 같습니다.

이제 방언 받기를 사모하며 가슴 깊이 뜨겁게 소리 높여 찬양하십시오. 그리고 기도하십시오. 회개하지 않은 것이 있다면 회개하고, 기억나지 않은 죄까지 모두 생각나 회개할 수 있도록 성령님의 도움을 구하십시오. 그리고 계속 방언을 사모하며 기도하십시오. 읊조리듯 조용히 기도하기보다 큰 소리로 간절히 구하십시오. 그런데 이때 사단이 이런 생각을 넣어 줄 수 있습니다.

"방언 받고 이상해지는 거 아냐?" "방언하는 거 보니까 무섭던데" 하는 걱정과 두려움을 생각 속에 넣어줄지 모릅니다.

이유가 있습니다. 방언은 하나님만이 들으실 수 있기 때문입니다. 그러므로 사단은 우리가 방언 받는 것을 매우 싫어합니다. 이런 사단의 방해를 능히 이길 수 있도록 더욱 성령께 의지하여 기도하여야 합니다. 사단이 방해할지라도 기도를 중단하지 말고 간절히 부르짖으십시오. 오순절 날 제자들도 간절히 기도하는 중에 성령 충만함을 받고 방언으로 말하기 시작했습니다.

성령이 충만하여 성령께서 역사하시기 시작하면 내 의지와 상관없이 혀의 느낌과 움직임이 평소와 다를 것입니다. 당황하지 마십시오. 이미 위에서 말씀드렸습니다. 방언은 텅구스, 글롯사라 하여 혀로 행하는 어떤 의미를 뜻한다고 말입니다. 그런데 이때에 사단은 다시 방해할 것입니다. 두려움을 주어 기도를 멈추게 할지 모릅니다. 하지만 개의치 말고 성령께 나의 혀를 맡기십시오.

어느 순간 입에서 이상한 소리가 반복적으로 나오기 시작한다면 그것이 방언입니다. 이때 많은 분이 "이거 혹시 내가 임의대로 내는 소리 아냐?" 하고 의심을 합니다. 우리가 임의대로 하는 것이라면 이내 지쳐 하지 못할 것입니다. 자꾸만 드는 인간적인 생각들은 개의치 말고 성령께 혀를 맡기십시오.

저는 방언을 받기 위해 산 기도를 다녔습니다. 그렇게 방언을 사모하며 기도를 하던 어느 날 드디어 방언을 받았습니다. 그런데 제 입에서는 '랄랄랄라'만 나오는 것이었습니다. 다른 분들은 유창하게 외국어 비슷한 방언을 하는데 '랄랄랄라'만 나오니 얼마나 창피했는지 모릅니다. 창피한 나머지 다른 말로 기도하려고 애를 썼지만 의도하는 기도는 나오지 않고 계속 '랄랄랄라랄랄랄라'만 나오는 것이었습니다.

그때 이런 생각을 했습니다. '랄랄랄라가 어려운 것도 아니고 진작할 걸' 그런데 비록 '랄랄랄라'지만 내 의지와는 상관없이 나오는 소리 아닙니까? 내가 의지적으로 '랄랄랄라'를 입으로 내뱉는다면 바삐 움직이는 혀만 아팠을 것입니다.

처음 방언이 터져 나올 때는 대개 한 음절로 반복해 소리를 내는 것을 볼 수 있습니다. 그런데 방언을 모르는 사람이 볼 때는 의미 없어 보이는 '랄랄랄라'를 하는데 왜 그렇게 눈물이 나던지요. 이유는 한 음절의 방언에도 하나님께 구하는 기도와 뜻이 담겨있으며 하나님이 들으시기 때문입니다.

그렇게 방언을 받고, 방언으로 기도하다 보니 시간이 지나면서 "엄마, 아빠" 하고 간신히 말을 떼던 아이가 문장을 이야기하듯 방언도 유창해져 가고 있었습니다. 그러니까 '랄랄랄라'도 아이가 처음 말을 떼는 것과 같은 과정이 아닌가 생각됩니다.

그런데 간혹 무지한 분들이 '할렐루야'를 빨리하면 방언을 할 수 있다고 가르칩니다. 어떤 사람은 '나다다다다'를 빨리하라고 가르칩니다. 그것은 잘못된 것입니다. 방언은 인간이 훈련해서 되는 것이 아닙니다. 인간의 이성으로는 도저히 설명할 수 없는 방언을 어떻게 훈련시킨다는 것입니까? 작위적으로 훈련하여 혀 꼬인 말이 나온다 해도 방언이라고 할 수 있을까요? 그곳에 성령님의 인도 하심이 있을까요? 기억하십시오. 방언은 오직 성령님의 인도 하심으로만 가능한 것입니다.

처음에는 단순하게 반복된 한 음절로만 방언을 했다면 점차 여러 종류의 방언을 하게 되기도 합니다. 이 또한 내가 자유롭게 구사할 수 있는 것이 아닙니다. 그때그때 기도에 따라 성령께서 인도하시는 것입니다.

방언을 받았거나 앞으로 방언을 받게 되면 끊임없이 방언으로 기도하십시오. 방언이 조금씩 변화되면서 좀 더 깊은 영의 고백을 하게 될 것입니다. 놀라운 은혜의 세계들을 보여 주실 것입니다. 무엇보다 하나님의 사랑을 진정으로 느끼게 될 것입니다.

사람이 이성적으로 기도하면 대부분 기도가 막히거나 잘 되지 않습니다. 평상시 말을 잘하는 사람인데 기도만 하면 우물쭈물하는 사람도 있습니다. 이성으로 하는 기도는 한계가 있기 때문입니다.

그러나 이성이 아니라 성령의 인도 하심으로 하는 방언은 한계가 없습니다. 평상시 말을 잘하는 사람이든, 말이 없는 사람이든 방언으로 기도하면 막힘없이 기도할 수 있습니다. 성령의 충만함을 느낄 수 있습니다. 그런데 방언은 무슨 말인지 영은 알되 우리의 마음은 알 수가 없습니다. 혹 알 수 있는 방법은 없을까요?

통변

어떤 사람에게는 성령으로 말미암아 지혜의 말씀을 어떤 사람에게는 같은 성령을 따라 지식의 말씀을 다른 사람에게는 같은 성령으로 믿음을 어떤 사람에게는 한 성령으로 병 고치는 은사를 어떤 사람에게는 능력 행함을 어떤 사람에게는 예언함을 어떤 사람에게는 영들 분별함을 다른 사람에게는 각종 방언 말함을 어떤 사람에게는 방언을 통역함을 주시나니 고전 12:8-10

사람들은 보통 방언기도를 한 후 그 내용을 궁금해 합니다. 그래서 너도나도 통변을 하고 싶어 합니다. 그러나 저는 통변을 권장하고 싶지 않습니다. 통변이 나쁘다는 말이 아닙니다. 통변 또한 필요하므로 위 성경 말씀처럼 어떤 사람에게는 통변의 은사를 주시기도 합니다.

문제는 통변을 마치 점쟁이가 점괘를 보고 미래를 알려주는 식의 용도처럼 생각하는 분들이 있기 때문입니다. 실제로 돈을 받고 예언을 해주거나 통변을 해주는 사람들도 있고 말입니다. 방언이나 방언 통변, 모든 은사는 하나님께서 값없이 주신 선물입니다. 값없이 주신 선물로 값을 받으며 하나님 뜻과 상관없는 일을 해서는 절대 안 됩니다. 통변은 하나님이 영광 받으시기 위해 성령을 통해 고백시키신 기도를 해석하는 것입니다. 즉, 나의 마음에 열매를 맺기 위함입니다.

내가 만일 방언으로 기도하면 나의 영이 기도하거니와 나의 마음은 열매를 맺지 못하리라 그러면 어떻게 할까 내가 영으로 기도하고 또 마음으로 기도하며 내가 영으로 찬송하고 또 마음으로 찬송하리라 고전 14:14-15

예를 들어 나의 영적 상태를 방언으로 기도하면 영은 알지만 내 마음은 알지 못합니다. 그러나 통변을 하게 되면 나의 영적 상태가 무기력해졌다던가, 침체되어 가고 있다는 것을 알게 됩니다. 이렇게 통변으로 알게 된 문제점을 위해 기도하면 나의 영은 회복되고, 나의 마음에는 열매를 맺게 되는 것입니다.

이런 이유에서 통변이 필요한 것이니 인간적인 호기심과 궁금함으로 통변을 사모하지 않기를 바랍니다. 그런데 깊이 방언기도에 들어가다 보면 통변 은사를 받은 분들처럼 세세한 통변은 아니더라도 적어도 내가 방언으로 무슨 기도를 하고 있는지는 마음으로 즉시 깨닫게 됩니다. 마치 생각처럼 방언이 입으로 나오는 동시에 내용이 떠오르거나, 방언 중간 중간 우리나라 말로 기도가 나오는 경우 내용을 짐작하기도 합니다. 어떤 분은 통변을 방언이 나오는 동시에 글로 쓰는 분도 있습니다.

그러나 이러한 것들은 누구에게나 동일하게 나타나는 것이 아닙니다. 개인마다 방법이 다를 수 있고, 전혀 방언의 내용을 모르는 분도 있습니다. 이 또한 각자 개인에 따라 필요한대로 성령께서 알게도 하시고, 모르게도 하시기 때문입니다. 어떤 분은 내 방언뿐만 아니라 옆 사람의 방언도 통변으로 들리는 분이 있습니다. 그런 분들이 명심할 것은 다른 사람의 통변 내용을 누군가에게 전달해서는 안 된다는 것입니다. 그것이 끔찍한 죄를 토설하는 내용일지라도 혼자만 알고 그 사람을 위해 기도해줘야 합니다.

위에서 말했듯 통변은 열매를 맺기 위함이지, 가십거리로 사용되어서는 안 되는 것입니다. 한 번은 한 자매님이 방언으로 기도를 하는데 3시간 동안이나 "하나님, 사랑해요. 하나님, 사랑해요. 하나님, 사랑해요"를 반복하는 것을 들었습니다. 하나님은 그 고백이 듣고 싶으셔서 똑같은 말을 3시간이나 시키신 것입니다. 다음 날도 그 다음 날도 계속 '하나님, 사랑해요'를 고백하게 하셨습니다.

얼마나 사랑한다는 고백을 받고 싶으시면, 아니 얼마나 사랑한다는 고백을 하지 않았으면 방언으로 3시간이나 고백하게 하실까 생각하니 눈물이 앞을 가리는 것이었습니다.

어떤 분은 방언기도를 할 때마다 "내 모든 인생 다 바쳐 하나님께 드리고 싶어요. 다 드리고 싶어요"라고 울며 고백하더니 지금은 전도로 많은 열매를 맺으며 충성된 일꾼으로 행복하게 살고 있습니다. 저는 개인적으로 통변에 너무 욕심을 내지 않았으면 합니다. 방언으로 하나님께 그 비밀을 말할 수 있는 것만으로 감사하는 여러분이 되었으면 합니다.

방언하는 자들이 하지 말아야 할 것

어떤 사람에게는 능력 행함을 어떤 사람에게는 예언함을 어떤 사람에게는 영들 분별함을 다른 사람에게는 각종 방언 말함을 어떤 사람에게는 방언들 통역함을 주시나니 이 모든 일은 같은 한 성령이 행하사 그의 뜻대로 각 사람에게 나누어 방언은 많은 은사 중 하나일 뿐 성령 충만을 받았다는 유일한 증표는 아닙니다. 그리고 내가 특별하여 나만 받는 것도 아닙니다. 어린아이라도 성령이 역사하시면 방언을 합니다. 그리고 방언기도는 개인적으로 자신의 영적 생활에 유익한 은사요, 교회로는 덕을 세우기 위함입니다.

자랑하지 마십시오

그런데 어떤 분들은 뽐내기 위해 방언을 합니다. 사람들을 모아놓고 자랑삼아 방언과 통변을 합니다. 이런 분들은 경계해야 합니다. 그렇다고 무조건 말도 섞지 말고 피하라는 것이 아닙니다. 그 사람을 위해 충분히 기도하고, 방언과 통변은 자랑삼는 것이 아님을 주님의 이름으로 충고해야 합니다. 그렇지 않으면 자칫 여러분의 신앙생활까지 위태로울 수 있습니다.

여러분도 마찬가지입니다. 방언하는 것을 자랑해서는 안 됩니다. 특히 방언을 무척 사모하는 분들과의 기도 모임 자리에서 자랑하듯 하지 마십시오. 하나님이 기뻐하시지 않습니다. 통변 역시 자랑용이 아닙니다. 통변의 은사를 자랑하고 싶어 통변해줄 테니 방언을 해보라는 식으로 사람들을 부추겨서는 안 됩니다.

　통변은 성령께서 그때마다 통변이 필요한 사람들을 위해 이끄실 때 하는 것입니다. 또한, 방언은커녕 기도의 방법조차 모르는 초신 자나 불신자들 앞에서도 자랑하듯 방언으로 기도하지 마시기 바랍 니다.

온 교회가 한 자리에 모여서 방언으로 말하면, 초신자나 불신자가 들어와서 듣고, 여러분을 미쳤다고 하지 않겠습니까? 고전 14:23 표준새번역

　방언은 바울 사도가 말씀한 대로 믿지 않는 자들을 위한 하나님 의 표적이지만, 질서 없이 자랑하기 위해서는 하지 마십시오. 오히 려 교회 다니더니 미쳤다며 하나님을 욕되게 할 수 있습니다.

　그렇다면 방언기도는 언제 하면 좋을까요? 개인기도 시간이나 회중이 함께 모여 부르짖는 새벽예배, 금요철야예배 등에 하는 것 이 좋습니다. 중보기도 모임처럼 소그룹이 모여 기도할 때에는 기 도 제목을 나누고 합심하여 기도하다 개인기도에 들어갈 때, 그때 방언으로 기도하는 것이 옳습니다. 이것이 질서입니다.

무시하지 마십시오

장로, 권사, 집사들 중에 방언을 받지 못한 분들이 있습니다. 목사 중에도 있습니다. 그렇다면 성령님께서는 이분들에게만 은사를 주시지 않은 것일까요?

은사는 여러 가지나 성령은 같고 직분은 여러 가지나 주는 같으며 또 사역은 여러 가지나 모든 것을 모든 사람 가운데서 이루시는 하나님은 같으니 각 사람에게 성령을 나타내심은 유익하게 하려 하심이라 어떤 사람에게는 성령으로 말미암아 지혜의 말씀을, 어떤 사람에게는 같은 성령을 따라 지식의 말씀을, 다른 사람에게는 같은 성령으로 믿음을, 어떤 사람에게는 한 성령으로 병 고치는 은사를, 어떤 사람에게는 능력 행함을, 어떤 사람에게는 예언함을, 어떤 사람에게는 영들 분별함을, 다른 사람에게는 각종 방언 말함을, 어떤 사람에게는 방언들 통역함을 주시나니 이 모든 일은 같은 한 성령이 행하사 그의 뜻대로 각 사람에게 나누어 주시는 것이니라 고전12:4-11

말씀을 보면 각종 은사 앞에 '어떤 사람에게는'이라고 되어 있습니다. 그러니까 어떤 사람은 이런 은사를 주시고, 또 어떤 사람은 저런 은사를 주신다는 것입니다. 즉, 사람마다 주시는 은사가 다르다는 것을 알 수 있습니다.

그러므로 목사나 장로, 권사, 집사가 방언을 받지 않았다고 우습게 여기거나 믿음이 없는 것으로 간주해서는 안 됩니다. 성령께서 그분의 뜻에 따라 방언 외의 다른 은사를 주셨을 것입니다. 물론 개중에는 방언을 사모하지 않거나 중도에 포기하여 받지 못한 분도 있을 수 있습니다. 믿음이 연약한 분도 있을 수 있습니다. 그러나 그 또한 업신여기는 마음을 가져서는 안 되는 것입니다.

더 낮아지고 겸손하여지기 바랍니다

성령이 온전히 임하면 자기를 자랑하지 않습니다. 하나님을 높입니다. 예수님을 증거합니다. 내가 방언도 받고, 예언도 한다고 목에 힘을 주며 나를 드러내지 않습니다. 만약 은사를 받은 것이 나의 자랑이 되고, 은사가 하나님과 상관없이 사용되어 문제가 된다면 그사람은 거짓 영이 들어온 것입니다. 결국 받은 은사는 사단을 위해 쓰임 받는 꼴이 되는 것입니다. 이것이 문제입니다.

내가 그리스도 안에 있는 한 사람을 아노니 그는 십사 년 전에 셋째 하늘에 이끌려 간 자라 (그가 몸 안에 있었는지 몸 밖에 있었는지 나는 모르거니와 하나님은 아시느니라) 내가 만일 자랑하고자 하여도 어리석은 자가 되지 아니할 것은 내가 참말을 함이라 그러나 누가 나를 보는 바와 내게 듣는 바에 지나치게 생각할까 두려워하여 그만두노라 여러 계시를 받은 것이 지극히 크므로 너무 자만하지 않게 하시려고 내 육체에 가시 곧 사탄의 사자를 주셨으니 이는 나를 쳐서 너무 자만하지 않게 하려 하심이라 고후 12:2,6,7

바울은 셋째 하늘인 삼층천에 다녀온 사람이지만 그는 '나의 약한 것들 외에는 자랑하지 않겠노라'며 지극히 자랑하기를 절제했습니다. 그리고 하나님께서도 그가 자만하지 않게 육체에 가시를 주셨습니다.

이미 방언을 받았거나, 방언을 받으면 더 낮아지고 겸손하여지기 바랍니다. 마치 성령께서 나에게만 주신 것처럼 착각하지 마십시오. 모든 은사는 나에게 유익이 되기도 하지만, 그보다는 주님을 나타내고 그분의 하시는 일에 열매를 맺기 위함입니다. 영광을 돌리기 위함입니다. 교만이 가득한 마음으로 값지게 주신 은사를 사용하지 마십시오.

방언을 소중히 여기십시오

간혹 이런 분들이 있습니다.

"나도 예전에 방언 했었는데."

이 말은 지금 현재는 방언을 하지 않고 있다는 뜻입니다. 조심스럽게는 하나님과 깊은 대화가 끊겼다는 뜻이 되기도 합니다.

사람들은 방언을 굉장히 사모합니다. 방언 받기를 위해 수년간 기도한 분도 있고, 몸살을 앓을 정도로 방언에 대한 갈망이 큰 분도 있습니다. 그런데 막상 방언을 받으면 받은 것으로 끝나는 분들이 있습니다. 갖고 싶은 장난감을 막상 손에 넣으면 금세 시들해져 버리는 아이들처럼 말입니다. 방언은 손에 넣으면 시들해지는 장난감 같은 것이 아닙니다. 나도 예전에 했던 과거형의 방언이 되어서는 안 됩니다. 방언은 현재도, 미래도 끊임없이 해야 하는 것입니다.

방언을 사모하는 분들은 자신에게 물어보십시오.

'나는 왜 방언을 받으려고 하는가?'

혹시, 호기심은 아닌가? 남들이 하니까 나도 그냥 해보고 싶은 것은 아닌가? 뭔가 신비해 보여 마음이 끌리는 건 아닌가? 이 중에 한 가지라도 해당하는 것이 있다면 생각을 바꾼 뒤 방언을 사모하시기 바랍니다. 또한 방언을 받은 분들도 방언을 소중히 여기십시오.

성령께서 그분의 뜻대로 주신 것입니다. 방언을 즐겨하며 더 깊은 기도로 열매를 맺으시길 바랍니다. 다시 말하지만 방언은 받은 것으로 끝나서는 안 됩니다. 받은 것으로만 만족하고, 사용하지 않으면 방언은 소멸됩니다. 성령님께서 거두어 가신다는 말입니다.

하나님께 속한 사람

그들은 세상에 속한 고로 세상에 속한 말을 하매 세상이 그들의 말을 듣느니라 우
리는 하나님께 속하였으니 하나님을 아는 자는 우리의 말을 듣고 하나님께 속하
지 아니한 자는 우리의 말을 듣지 아니하나니 진리의 영과 미혹의 영을 이로써 아
느니라 요일 4:5-6

하나님께 속한 사람은 하나님의 말을 하고, 세상에 속한 사람은 주
로 자랑, 불평, 불만, 원망, 조롱의 말들을 즐겨 합니다.
　'우리 시어머니만 보면 짜증 나 죽겠어!' '아무개 권사 딸이 이혼
했다네? 부잣집으로 시집갔다고 그렇게 자랑하더니 꼴이 우습게
됐네.' '오늘 새 가방 들고 나갔더니 다들 쳐다보는 거 있지? 역시
명품은 명품이야.' '아무개 집사 새 차 뽑았던데. 우리도 차 좀 바꾸
자고. 교회 갈 때마다 창피해 죽겠어!'
　위의 말들 중에 하나님께 속한 말을 찾아보십시오. 아마 없을 것
입니다. 반대로 하나님께 속한 성령의 사람은 만나기만 하면 예수
님 이야기만 합니다. 은혜받은 이야기, 성경 말씀을 묵상하고 깨달
아 삶으로 열매 맺은 간증들, 성도를 칭찬하고 격려하는 말들이 대
부분입니다. 이런 모든 말들은 그냥 나오는 것이 아닙니다. 그 안에
성령이 충만하므로 하나님이 기뻐하실 이야기만 하게 되는 것입니

다. 여러분 자신이 하는 말에 가만히 귀 기울여 들어보십시오. 여러분은 어디에 속한 사람입니까? 교회는 다니고 있지만 여전히 세상에 속한 사람은 아닙니까? 그렇다면 성령으로 거듭나야 합니다.

성령을 사모하고, 성령 충만하면 성령께서 도와주실 것입니다. 그리고 방언을 사모하고, 방언을 받아 하나님과 깊이 교제하고 마음에 열매를 맺으며 하나님께 속한 자만이 누릴 수 있는 형통함과 기쁨을 누리시기를 간절히 원합니다.

Part 4

기도가
정답이다

성경에 나오는 모든 인물들은 하나같이 하나님의 음성을 듣고 따르는 기도를 생활화하였습니다. 그런데 오늘날은 유감스럽게도 10% 미만의 성도들만 기도생활을 할 뿐, 90%는 교회 출석만 하고 있다고 합니다. 이것은 건강한 신앙생활이 아닙니다. 건강한 신앙생활은 하나님과 끊임없이 기도와 말씀으로 관계를 맺는 생활입니다.

바라는 건 이 땅의 모든 성도들이 기도가 회복되고, 기도의 삶을 통하여 하나님을 내 삶의 주님으로 모시는 삶을 살기를 간절히 원합니다. 그리하여 주님 안에 있는 은혜와 복을 누리고, 하나님을 영화롭게 하는 존귀한 삶이 되었으면 합니다.

기도를 하지 않는 이유

먼저 질문합니다. "기도, 하십니까?"

시중에 나와 있는 신앙서적 중에 꾸준하게 출간되는 것은 기도에 관한 책입니다. 꾸준히 출간된다는 것은 그만큼 기도가 중요하며, 사람들 또한 관심을 갖고 많이 찾아 읽는다는 뜻일 것입니다.

그런데 문제는 기도 책은 찾아 읽으면서도 정작 기도는 하지 않는다는 사실입니다. 책 내용 중 기도하여 응답받은 간증만 부러워할 뿐, 대부분 기도는 시도조차 하지 않으니 참으로 안타까운 일입니다.

구하라 그리하면 너희에게 주실 것이요 찾으라 그리하면 찾아낼 것이요 문을 두드리라 그리하면 너희에게 열릴 것이니 구하는 이마다 받을 것이요 찾는 이는 찾아낼 것이요 두드리는 이에게는 열릴 것이니라 마 7:7-8

성경에 분명 구하면 주시고, 두드리면 열리며, 찾으면 찾아지는 기적이 기도 속에 있다고 말씀하는데 왜 하지 않는 것일까요? 책을 통해 기도의 방법과 기도를 통한 하나님의 은혜를 알았다면 그대로 적용해보면 좋을 텐데 그게 쉽지 않은 모양입니다. 이유가 무엇일까요?

• 기도 자체를 어렵고 힘들게 생각하기 때문입니다
그러나 기도는 어렵지 않습니다. 대화입니다. 찻잔을 마주하고

도란도란 이야기하듯 하나님과 대화하는 것입니다. 하나님과 대화하며 구하고, 두드리고, 찾는 것입니다. 그리고 그분의 대답을 기다리는 것입니다. 속상한 마음을 이야기하고 하나님께 위로를 받는 것입니다. 잘못한 것을 고백하고 용서를 받는 것입니다. 기뻤던 순간을 이야기하며 감사와 영광을 올려드리는 것입니다. 그리고 그분과 함께 기뻐하는 것입니다. 이것이 기도입니다.

하나님은 바리새인의 거창한 기도를 받지 않으셨습니다. 그는 하나님과 대화한 것이 아니라, 일방적으로 자기 자랑만 늘어놓았기 때문입니다. 하나님은 이런 기도를 듣지 않으십니다. 그러니까 거창한 기도를 들으며 기도의 수준을 정하고 나는 못하겠다 포기하지 마십시오. 기도의 최고 수준은 하나님을 믿고 그분께 진솔하게 아뢰는 것입니다.

• 기도 응답이라는 비밀스러운 축복을 직접 체험하지 못했기 때문입니다

왜 체험을 하지 못할까요? 당연히 기도를 하지 않았거나, 기도는 하되 믿음 없이 했기 때문입니다.

위에서 기도는 하나님과의 대화라고 말씀드렸습니다. 그러므로 기도하지 않는다는 것은 일방적으로 하나님과의 대화를 거부하는 것과 같습니다. 그렇게 되면 손해 보는 것은 바로 나입니다. 하나님이 아닙니다.

하나님과 대화가 단절되면 기쁨이 없습니다. 삶이 짜증스럽고 괴롭기만 합니다. 어려움 없이 잘사는 것 같으나 알 수 없는 공허함에 삶이 시들해집니다. 당연히 하나님이 주시는 축복도 체험할 수 없습니다. 축복은 나와는 상관없는 이야기가 되어 버립니다.

사람들은 드문드문 어쩌다 만나는 친구와 더 할 말이 많을 것 같지만 실상은 오히려 매일 만나는 친구와 할 말이 더 많습니다. 지속적으로 만나 대화를 나눴기 때문에 관계도 더 깊고 이야깃거리가 풍부하기 때문입니다.

기도도 그렇습니다. 드문드문 어쩌다 기도하는 사람이 있고, 매일매일 기도하는 사람이 있습니다. 과연 누가 하나님과 관계가 깊고 기돗거리가 풍부한 사람이겠습니까? 하나님은 누구의 기도를 들어주시겠습니까? 당연히 매일매일 기도하는 사람입니다.

또한 지금까지 말했듯이 믿음 없는 기도는 헛된 기도입니다. 믿음 없이 내가 원하는 것만 통보하듯 드리는 기도는 시간 낭비를 한 것과 같습니다. 이런 사람은 기도의 축복을 받을 수 없습니다. 사람도 나를 신뢰하지 않는 사람에게는 어떤 것도 주고 싶어 하지 않습니다. 하물며 믿음으로 구하라고 말씀하신 하나님은 말할 것도 없지 않겠습니까?

• 사단이 방해하기 때문입니다

사단은 성도가 기도를 하지 못하도록 방해합니다. 필사적으로 막습니다. 기도하는 것 자체를 귀찮게 여기도록 만듭니다. 기도해봤자 소용없다고 속삭입니다. 더 나아가서는 기도할 때에 섬뜩하고 두렵게 만들어 두 번 다시는 기도의 자리에 나오지 못하게 만듭니다. 기도 중에 이런저런 잡생각들로 방해합니다. 기도 중에 미운 사람을 떠올려 분하게 만듭니다. 사단은 이렇게 별의별 방법을 동원하여 하나님과의 대화를 방해합니다. 이유는 믿음으로 구하는 기도에 능력이 있음을 사단도 알기 때문입니다.

그러나 방해하면 할수록 "기도를 방해하는 사단아, 예수님의 이름으로 떠나갈지어다!" 사단을 대적하고 성령께 도움을 청하며 더욱 담대하게 기도해야 합니다. 속지 말아야 합니다. 하나님의 능력 안에서 살 수 없도록 사단이 방해하는 것임을 인지하고 힘써 기도해야 합니다.

기도가 응답되지 않는 이유가 있습니다

기도도 때로는 거절됩니다. 간절히 눈물을 흘리며, 금식을 하며 열심히 기도했지만 하나님께서 응답하시지 않을 때가 있습니다. 그럴

때마다 하나님이 내 기도를 듣긴 들으셨는지 슬슬 불안해지기 시작합니다. 하나님의 침묵이 답답하고 낙심됩니다. 심지어는 하나님이 계시기는 하는가? 그분의 존재 자체를 의심하는 지경에 이르기까지 합니다.

그러나 하나님은 분명 우리의 기도를 하나도 빠짐없이 다 듣고 계시다는 것입니다. 우리의 한숨까지도 다 듣고 계시는 분이십니다. 그런데도 기도에 응답해 주시지 않는 데는 이유가 있습니다.

• 오히려 해(害)가 되기 때문입니다

엄마와 함께 시장에 간 초등학생이 올라타기도 힘든 어른용 자전거를 사달라고 떼를 씁니다. 그러자 엄마가 아이를 타이릅니다.

"이건 너한테는 너무 커서 지금은 사줘 봤자 타지도 못해. 나중에 크면 사줄게."

그러나 아이 입장에서는 아무리 봐도 자전거를 탈 수 있을 것 같아 포기하지 않고 떼를 씁니다. 하지만 소용없습니다. 위험한 건 불 보듯 뻔한 일인데 엄마가 사줄 리가 없습니다.

우리도 아이와 똑같습니다. 내가 생각하기에 이 정도면 들어주실 법도 한데 왜 기도를 안 들어 주시느냐고 하나님께 떼를 쓰고 원망합니다. 그러나 하나님의 마음은 아이의 엄마와 같아서 응답하시지 않습니다. 당장 원하는 것을 응답해주면 오히려 해(害)가 될 것을 알기 때문입니다.

누가복음 11장에 나오는 탕자를 보십시오. 미리 유산을 달라는 아들에게 아버지는 두말하지 않고 유산을 나눠주었습니다. 그 후 탕자는 어떻게 되었습니까? 그 많은 돈을 허랑방탕하게 다 써버리고 세상 말로 알거지가 되지 않았습니까?

하나님은 우리가 해를 입는 것을 원하지 않으십니다. 하지만 인간은 해를 입을 줄을 알면서도 자식이 원한다면 어쩔 수 없이 원하는 것을 들어주기도 합니다. 그러나 하나님께는 어림도 없는 소리입니다. 우리를 너무나 사랑하시기 때문에 해를 입을 줄 알면서도 '어쩔 수 없이' 우리가 원하는 대로 응답해 주시는 분이 아니십니다. 그러므로 오히려 무응답이 응답이며 축복일 때가 있는 것입니다.

• 믿음을 보시기 위해서입니다

기도에 응답하지 않으시는 또 하나 이유는 믿음을 보시기 위해서입니다. 즉, 기도에 응답받기까지의 시간 동안 끝까지 믿음으로 견디어내는지 시험해 보시기 위해서입니다.

아브라함은 아이를 주시겠다는 말씀을 75세에 받았습니다. 그러나 그는 그의 나이 100세에 사라에게서 아이를 얻었습니다. 히브리서 6장15절에 보면 아브라함은 오래 참아 약속을 받았다고 되어 있습니다. 그는 도대체 25년이란 세월을 어떻게 참고 기다렸을까요?

바로 믿음이었습니다. 하나님께서 아들을 주시겠다고 하신 그 말씀을 믿음으로 붙잡고 기다렸습니다. 결론은 하나님께서 아브라함의 이 믿음을 기대하시고, 보고 싶으셨던 것입니다.

누구나 예외 없이 하나님의 응답을 기다려야 하는 시간이 있습니다. 그 시간은 참 길고 때론 고통스럽기도 합니다. 그러나 그때야말로 우리의 믿음이 더욱 발동할 때임을 기억하시기 바랍니다.

• 깨닫게 하실 것이 있기 때문입니다

어느 초등학생 아이가 다른 학교로 전학을 갔습니다. 그런데 친구들과 영 어울리지를 못하는 것입니다. 아이는 다가가는데 반 아이들이 끼워주지를 않아서였습니다. 친구들과 어울리지 못하니 아이는 학교에 가는 게 재미도 없고, 스트레스 때문에 아침마다 배가 아프다고 호소했습니다.

그 모습을 지켜보는 아이의 엄마는 마음이 찢어질 듯 아팠습니다. 그러나 아이를 도울 수 있는 건 아무것도 없었습니다. 그저 매일같이 아이가 더는 상처받지 않도록, 반 아이들이 마음을 돌려 아이와 함께 놀 수 있도록 기도할 뿐이었습니다. 그러나 하나님은 몇 개월이 지나도록 응답하지 않으셨습니다. 아이 문제로 마음이 지칠 대로 지친 아이 엄마는 견디다 못해 발을 구르며 하나님께 따져 물었습니다.

"제가 돈을 달라고 했습니까? 뭐 큰 걸 바랍니까? 아이 마음 하나 편하게 해달라는 데 그것도 안 들어주십니까?"

그러나 하나님은 여전히 침묵하셨습니다. 다행인 것은 그럼에도 아이의 엄마는 끝까지 하나님께 매달렸다는 것입니다. 그러던 어느 날이었습니다. 아이 엄마가 거실에서 엎드려 기도하는 중에 하나님께서 어떤 장면들을 떠올리게 하셨습니다. 아이의 작은 실수에도 혈기를 부리고, 분을 내고, 아이를 귀찮아하던 자신의 모습과 그때마다 두려워 떨며 기죽어 하는 아이의 모습이었습니다.

자신이 그동안 얼마나 아이를 힘들고 외롭게 했는지 깨닫게 된 아이 엄마는 가슴을 치며 오열하기 시작했습니다. 아이에게 너무나 미안해 견딜 수가 없었습니다.

그런데 그때 이런 음성이 들렸습니다.

"엄마인 네가 귀찮아하고 사랑해주지 않는 아이를 누가 좋아해 주겠니?"

두 눈에서 눈물이 쉬지 않고 흐르는 아이 엄마는 즉시 회개하기 시작했습니다.

"하나님, 하나님이 주신 선물을 사실 내 것이 아닌 주님의 것인 아이를 함부로 대했습니다. 아이의 마음을 너무나 아프게 했습니다. 용서해 주세요. 용서해 주세요. 하나님!"

그날 저녁 아이의 엄마는 아이에게 진심으로 사과했습니다. 아이도 엄마를 용서하고 두 사람의 관계는 날로 회복되었습니다. 하나님께서 깨닫게 하신 그날부터 아이 엄마는 아이가 너무나 귀하고 사랑스럽게 보이기 시작했습니다. 아이는 아이대로 달라진 엄마의 모습에 상처가 회복되어 마음이 밝아지고 씩씩해졌습니다. 무엇보다 반 아이들과의 관계가 아주 좋아지고 친한 친구도 생겼습니다.

살다 보면 끝날 것 같지 않은 문제를 만날 때가 있습니다. 숨이 턱 막혀서 잘못된 결정을 내리고 싶을 때도 있습니다. 그때마다 우리는 기도를 합니다. 그러나 아무리 기도해도 응답하지 않으실 때 하나님께 여쭤 보십시오.

"하나님, 제가 이 문제를 통해 깨달아야 할 것이 있습니까?"

• 그래야만 하기 때문입니다

인품 좋고, 덕망이 있으며, 부까지 모두 갖춘 교수를 남편으로 둔 부인이 있었습니다. 남편 덕에 부인은 늘 누군가의 부러움의 대상이 되었습니다. 그러나 실상 부인은 남편 때문에 굉장히 고통을 받고 있었습니다. 남편이 다른 여성들과 끊임없이 부적절한 관계로 속을 썩였기 때문입니다.

부인은 남편에게 애원도 하고, 협박도 하고, 회유도 해봤지만 남편은 더럽고 추악한 생활을 멈추지 않았습니다. 부인은 누구에게도 말할 수 없는 남편의 일이 사람들에게 알려질까 하루하루가 조마조

마하고 두려웠습니다. 부인은 날마다 하나님께 기도했습니다.

"하나님, 우리 남편 정신 좀 차리게 해주십시오. 교회 집사라는 인간이 어쩌면 저럴 수가 있습니까! 저러다 학교에서도 쫓겨나고, 세상에서는 망신을 당할 텐데 어쩌면 좋습니까! 상처받을 아이들은 또 어떡합니까! 하루하루 가슴 졸이며 사는 저 역시 너무 힘이 듭니다. 하나님, 제발 남편이 지저분한 생활을 정리하도록 도와주시옵소서. 그런데 하나님, 제발 다른 사람들은 모르게 해주시옵소서. 저는 그게 너무 두렵습니다."

부인은 두려운 마음에 간구하고 또 간구했습니다. 그러나 남편은 날로 변명과 거짓말을 일삼으며 부적절한 관계를 정리하지 않았습니다. 부인은 하나님을 원망하기 시작했습니다. 가정을 살리고, 교회 집사로서 덕이 되지 않는 남편 좀 정신 차리게 해달라는데 뭐가 문제냐며 하나님께 따졌습니다.

그러던 어느 날 우려하던 일이 터져버렸습니다. 그간의 남편의 일들이 세상에 알려진 것입니다. 남편의 문제는 사회적으로 이슈가 되고 급기야 학교에서 파직을 당했습니다. 주위의 시선을 견딜 수 없어 살던 곳에서도 떠나야 했습니다. 이렇게 하나님은 끝내 부인의 기도를 들어주시지 않았습니다.

그런데 평생 정신을 못 차릴 것 같던 남편이 자신의 죄가 보이기 시작한 것입니다. 그동안 부인과 자녀들에게 얼마나 파렴치한 남편과 아버지였는지, 하나님께는 또 얼마나 죄인이었는지 절실히 깨닫기 시작한 남편은 하나님께 눈물로 회개하고, 가족들에게는 깊이 참회하며 용서를 빌었습니다.

하나님께서는 상처 입은 부인과 아이들의 마음을 회복시켜 주셨습니다. 놀랍게도 가족들은 남편을 용서하고 그 일을 문제 삼지 않았습니다. 그리고 그들은 행복한 가정을 이루었습니다. 그제야 부인은 하나님께서 기도를 외면하셨던 것이 아니라 죄가 들통 나야지만 남편이 멈출 것을 아셨기 때문에 침묵하고 계셨음을 알았습니다.

하나님께서는 피를 토하는 심정으로 울부짖으며 기도하는 부인의 모습을 보실 때마다 마음이 어떠셨을까요? 그래야만 하기 때문에 침묵하실 수밖에 없으셨던 하나님의 심정은 어떠셨을까요? 아마 그 누구보다 마음이 아프셨을 것입니다.

앞으로 어떤 최악의 상황에 처했을 때 응답 없는 하나님과 마주한다면 원망하지 마십시오. '그래야만 하기 때문에' 하나님께서 침묵하시는 중이십니다. 그렇다고 기도를 멈추어서는 안 됩니다. 끝까지 기도해야 합니다. 사단은 기도해봤자 소용없다고 속삭이겠지만 속지 마십시오. 소용없지 않다는 걸 알기 때문에 사단이 방해하는 것입니다.

전적으로 하나님을 의지하는 사람

이 세상에서 가장 힘 있는 사람은 누구일까요? 권력을 가진 사람일까요? 무기를 든 사람일까요? 돈이 많은 사람일까요? 아닙니다. 이 세상에서 가장 힘 있는 사람은 기도마다 응답받는 사람입니다.

영국의 목회자이자 '고아의 아버지'로 불리는 조지 뮬러는 5만 번 이상의 기도 응답을 받았다고 합니다. 5만 번 이상의 응답을 받았다는 것은 5만 번 이상의 기도를 했다는 것이며, 하나님을 전적으로 신뢰하고 평생 기도의 끈을 놓지 않았다는 뜻이 됩니다.

〈먼저 기도하라강 같은 평화 刊〉는 책에서 조지 뮬러는 이렇게 말했습니다.

'나는 하나님의 약속을 믿었고… 나는 평안하게 무릎을 펴고서 일어날 수 있었다. 그런 고통은 내가 아니라 하나님께 닥친 것이었기 때문이다.'

기도를 했으니 이제 그 고통은 내 것이 아니라 하나님 것이므로 염려 없이 평안하게 기도의 자리에서 일어날 수 있었다는 것입니다. 기도는 이렇게 나의 아버지 하나님께 문제를 전적으로 떠넘기는 것입니다. 조지 뮬러는 그것을 알았던 것입니다. 정말 그는 돈이 없어도 어떤 기관이나 단체의 도움을 받지 않았습니다. 오직 하나님께 전적으로 맡기고 기도했을 뿐입니다.

그때마다 하나님께서는 필요한 것을 공급하셨고, 조지 뮬러는 고아원 아이들을 먹이고 입힐 수 있었습니다.

성경을 보면 하나님을 전적으로 의지한 인물들은 하나같이 인간으로서는 도저히 행할 수 없는 능력을 행하였습니다. 그중 한 사람이 모세입니다.

애굽의 왕 바로는 당대 가장 강한 사람이었습니다. 그는 600승의 병거를 이끌고 이스라엘 백성을 추격했습니다. 이 병거는 말 네 마리가 끄는 수레를 말하는데 수레 옆으로는 칼처럼 날카로운 무기가 달려 있습니다. 그리고 말이 걸친 마구에도 뾰족한 칼날이 붙어 있어서 사람이 많은 곳에 이 병거가 들어가게 되면 스쳐 가는 곳마다 갈기갈기 찢어지게 됩니다.

이런 600승의 철병거가 모세와 출애굽하는 이스라엘 백성을 추격했습니다. 좌우편은 절벽이요, 앞은 홍해 바다였습니다. 이스라엘 백성들은 굉장한 소음과 함께 먼지를 일으키며 달려오는 병거 소리가 가까워질수록 얼굴이 하얗게 질리고 온몸은 사시나무 떨듯 떨려왔습니다. 조금만 더 있으면 꼼짝없이 잡힐 상황이었습니다.

모세는 뒤돌아 그런 백성들을 바라봅니다. 너무 두려운 나머지 주저앉는 사람들, 겁에 질려 우는 여자들과 아이들, 체념한 표정의 노인들, 매장지가 없어 우리를 이끌어 내어 광야에서 죽게 만드냐고 죽일 듯 덤비는 사내들에게 모세는 말을 합니다.

모세가 백성에게 이르되 너희는 두려워하지 말고 가만히 서서 여호와께서 오늘 너희를 위하여 행하시는 구원을 보라 너희가 오늘 본 애굽 사람을 영원히 다시 보지 아니하리라 여호와께서 너희를 위하여 싸우시리니 너희는 가만히 있을지니라

출 14:13-14

모세는 백성들에게 '여호와께서 행하시는 구원을 보라! 애굽 사람을 영원히 보지 않을 것이다!'라고 장담했습니다. 그리고 하나님께서 싸울 것이니 가만히 있으라고 말합니다. 모세가 이렇게 장담할 수 있었던 것은 애굽에서 나오게 하신 하나님을 전적으로 의지하고 믿었기 때문입니다.

모세는 하나님께 부르짖습니다. 그러자 하나님께서 지팡이를 들고 손을 바다 위로 내밀어 그것이 갈라지게 하라고 말씀하셨습니다. 모세가 순종하자 하나님께서는 밤새도록 큰 동풍이 몰아치게 하셨습니다. 그러자 바닷물이 둘로 갈라져 마른 땅이 드러나고 바닷물은 좌우 벽이 되었습니다.

이스라엘 백성들은 마른 땅을 밟고 바다를 건너기 시작했고, 이스라엘 백성을 추격하던 바로 왕의 말 병거는 바다 중간까지 들어왔습니다. 그러자 하나님께서 새벽에 이집트 군대를 어수선하게 만드시고 병거 바퀴를 빼셔서 바퀴가 굴러가지 못하게 만드셨습니다.

그러고는 모세에게 말씀하셨습니다.

"네 손을 들어 바다를 향해 뻗쳐라. 그러면 바닷물이 다시 돌아와 이집트 군인과 그들의 병거와 기병들을 덮을 것이다!"

모세는 하나님의 말씀대로 지팡이를 든 손을 들어 바다를 향해 뻗쳤습니다. 그러자 양쪽으로 갈라졌던 바닷물이 합쳐지며 바로의 군대를 완전히 덮어버렸습니다. 이러한 기적이 어떻게 일어났을까요? 모세가 기도했기 때문입니다. 그렇다면 지금도 이와 같은 역사가 일어날까요? 일어납니다. 지금도 동일하게 하나님을 전적으로 의지하고 믿는 사람에게 놀라운 능력을 보여주십니다.

제가 동일교회를 개척하면서 예배당 앞에 붙였던 성경 구절이 있습니다.

또 여호와를 기뻐하라 그가 네 마음의 소원을 네게 이루어 주시리로다 시37:4

개척하느라 무척 힘이 들었던 저는 '하나님을 기뻐하면 네 마음의 소원을 이루어 주신다'는 말씀을 가슴에 품고 교회를 위하여 얼마나 간절히 기도했는지 모릅니다. 그 후 눈물의 기도대로 하나님께서는 너무나 아름다운 교회로 부흥케 하셨고, 이 말씀을 믿음으로 붙들고 기도한 많은 성도들 역시 병이 낫고, 가정경제가 회복되는 기적을 체험했습니다.

하나님을 전적으로 의지하십시오. 그리고 전적으로 모든 문제를 하나님께 떠넘기십시오. 사람은 문제를 떠넘기면 싫어하지만 하나님은 기뻐하십니다. 그리고 기적을 베푸십니다.

성도의 삶은 기도일 수밖에 없습니다

기도의 응답을 받고 싶습니까? 기도의 응답을 받으려면 먼저 기도해야 합니다. 마음으로만 기도를 품지 말고 입을 열고 소리 내어 기도해야 합니다.

처음 기도할 때에는 어색하고 무엇을 기도해야 할지 모르지만 꾸준히 기도의 자리를 지키다 보면 하나님께서 기도할 마음을 주시고, 무엇을 기도할지 생각나게도 하십니다. 그렇게 성령을 통하여 생각나게 하신 것을 가지고 기도하면 물어볼 것도 없이 100% 응답을 받습니다.

그런데 누구에게 주십니까? 하나님을 기대하는 사람에게 주십니다. 하나님을 온전히 의지하는 사람, 하나님의 도움을 간절히 원하는 사람에게 구할 마음을 갖게 하시고 기돗거리를 생각나게 하십니다. 그런데 기돗거리가 생각나지 않는 사람이 있습니다. '저 사람은 저걸 기도해야 될 텐데, 저 문제가 해결되어야 될 텐데…….'

옆에 있는 사람은 다 아는데 정작 본인은 모릅니다. 이유는 영이 어두워서입니다. 영이 어두워져 기둣거리가 있어도 깨닫지 못하는 것입니다. 이런 경우도 있습니다. 가끔 구역예배 보고서를 보면서 갸우뚱할 때가 있습니다. 기도 제목을 써야 할 곳이 비어 있기 때문입니다. 이런 경우 기도할 것이 없다는 뜻일까요? 아니면 기도하지 않아도 걱정할 것 없다는 뜻일까요?

지상에 사는 모든 사람은 자신의 힘에 의해서 사는 것이 아니라, 하나님이 살게 해 주심으로 살고 있는 것입니다. 그래서 반드시 하나님의 도우심이 절대적으로 필요합니다. 하나님이 살 수 있도록 보호하고 돕지 않으시면 그 누구도 살길이 없는 것이 인생입니다. 내가 지금 가지고 있는 건강이나, 재산, 탁월한 지혜나 높은 인격은 나의 생명을 단 한 순간도 보장해줄 수 없습니다.

당장 먹는 것부터 생각했을 때 하나님이 먹고살 수 있도록 곡식이 자라 열매를 맺게 해 주시고, 또 그 곡식을 구하여 먹을 수 있도록 하나하나 돌봐주시기 때문에 우리가 먹고살 수 있는 것입니다. 그래서 예수님은 일용할 양식을 달라고 하나님께 구하라고 하셨습니다._{마 6:11절 참조}

그리고 육적인 삶과 같이 영적인 삶도, 하나님이 하나님의 뜻과 말씀을 따라서 살게 해 주셔야만 살 수 있습니다. 이유는 사단이 성도 안에 있는 죄성을 유혹하고 충동하여 하나님의 뜻을 이루는 삶을 살지 못하도록 집요하게 방해하기 때문입니다. 또한 우리의 힘

166

으로는 하나님의 말씀을 순종할 수 없기 때문입니다.

우리는 오직 우리 안에 거하시는 예수님과 성령님이 하나님의 뜻을 따라서 해주셔야지만 살 수 있습니다. 결국 성도에게 기도는 하나님을 삶의 주님으로 모시는 삶을 살기 위한 절대적인 방편인 것입니다. 또 하나님의 뜻을 따라서 살기 위한 필연적인 길이기 때문에 성도의 삶은 기도의 삶일 수밖에 없습니다. 그래서 '온전한 성도의 삶은 기도의 삶이다'라고 하는 것입니다.

기도는 어떤 사람이 기도하느냐가 중요합니다

기도는 어떻게 하느냐 보다, 어떤 사람이 기도하느냐가 더 중요합니다. 정말 하나님은 어떤 사람의 기도를 들으실까요? 정답은 하나님과 친밀한 사람입니다. 사람도 평소 친밀한 사람이 도움을 청할 때 귀담아듣습니다. 그리고 내 일처럼 도움을 주려 합니다.

그러나 평소 말을 걸면 시큰둥하거나, 마주치면 마지못해 인사를 건네는 사람이 도움을 청할 땐 듣긴 들어도 선뜻 도움을 주고 싶은 마음은 없을 것입니다.

하나님도 마찬가지십니다. 하나님도 식사기도가 전부인 사람, 마지못해 억지로 기도 몇 마디 하는 사람보다 매일매일 기도와 말씀을 통해 하나님을 만나는 친밀한 성도의 기도를 들으시고 뜻에 따라 응답하십니다. 그리고 자기를 낮추는 자의 기도를 들으십니다.

두 사람이 기도하러 성전에 올라가니 하나는 바리새인이요 하나는 세리라 바리새인은 서서 따로 기도하여 이르되 하나님이여 나는 다른 사람들 곧 토색 불의 간음을 하는 자들과 같지 아니하고 이 세리와도 같지 아니함을 감사하나이다 나는 이레에 두 번씩 금식하고 또 소득의 십일조를 드리나이다 하고 세리는 멀리 서서 감히 눈을 들어 하늘을 쳐다보지도 못하고 다만 가슴을 치며 이르되 하나님이여 불쌍히 여기소서 나는 죄인이로소이다 하였느니라 눅18:10-13

위 말씀은 바리새인과 세리가 성전에서 기도하는 장면입니다. 먼저 바리새인을 보면 그는 자신만만한 표정으로 하늘을 향해 고개를 들어 기도합니다.

"하나님, 제가 사기꾼, 죄인, 간음을 행하는 자들과 같지 않고 이 세리와 같지 않은 것에 감사를 드립니다. 저는 일주일에 두 번씩 금식을 하고 모든 소득의 십일조를 바칩니다."

반면 세리는 멀리 서서 감히 하늘을 향해 고개조차 들지 못하고 다만 가슴을 치며 기도합니다.

"하나님, 제가 죄인입니다. 이 죄인을 불쌍히 여겨 주십시오."

두 사람의 기도하는 모습이 참으로 상반된 것을 볼 수 있습니다.

한 사람은 당당하고, 한 사람은 잔뜩 주눅이 들어 있습니다. 왜 그럴까요? 바리새인은 하나님이 만드신 율법을 연구하며 철저히 율법대로 사는 사람들입니다.

지금 기도하는 바리새인도 그중 하나였습니다. 반대로 세리는 세금을 거두어 로마에 바치는 일을 하는 사람이었습니다. 그런데 정직하게 세금을 거두면 좋으련만 그 당시 세리들은 기본 세금보다 세금을 더 받아 폭리를 취했습니다.

이를테면 세금이 100만 원이라면 동족인 이스라엘 백성들에게는 150만 원을 받아 100만 원만 로마에 주고, 나머지 50만 원을 세리가 챙기는 식이었습니다. 지금 기도하는 세리도 그중 하나였습니다. 그래서 감히 얼굴을 들어 하늘을 볼 수 없었던 것입니다.

그렇다면 보나 마나 하나님은 정직하지 못한 세리보다는 철저히 율법 중심으로 사는 바리새인의 기도를 들어주지 않으셨겠습니까? 그렇지 않습니다. 하나님은 세리의 기도를 들으셨습니다. 남에게 보이기 위해 큰 소리로 기도하는 바리새인의 위선적인 기도가 아니라 자기를 낮추고 겸손히 기도한 세리의 기도를 받으셨습니다. 그리고 그를 의롭다 하셨습니다.

내가 너희에게 이르노니 이에 저 바리새인이 아니라 이 사람이 의롭다 하심을 받고 그의 집으로 내려갔느니라 무릇 자기를 높이는 자는 낮아지고 자기를 낮추는

　　예수님은 바리새인과 세리의 예화를 통해서 '스스로 높아진 자는 낮아질 것이고, 스스로 낮아진 자는 높아질 것'이라는 교훈을 주셨습니다. 이 말씀은 하나님은 바리새인처럼 자신을 높이고 드러내는 사람보다, 항상 하나님 앞에 "주님, 제가 너무나 부족한 사람입니다. 정말 못난 사람입니다. 죄인입니다. 그런 저를 용서해 주시고, 불쌍히 여겨 주세요." "하나님, 기도할 줄 모르고 아무것도 모르는 저를 도와주십시오!" 하며 자기를 낮추고 주님께 시행권을 드리는 사람을 높이시고 기도에 응답하신다는 말씀입니다.

　　천 번을 기도한들 바리새인처럼 기도한다면 그 기도는 무의미할 뿐입니다. 세리처럼 낮추십시오. 세상에서 아무리 지위가 높은 사람이라도 하나님 앞에 나는 늘 부족하고, 연약하고, 모자란 사람임을 인정하고 낮추십시오. 오직 주님만 인정하고 높이며 믿음으로 구하면 하나님께서 들으십니다.

응답하시는 기도

겸손한 기도

왕이 된 솔로몬이 기브온에서 일천 번제를 드린 그날 밤이었습니다. 꿈에 하나님이 나타나셔서 솔로몬에게 "무엇을 줄까?" 물으셨습니다. 그러자 솔로몬이 말합니다.

나의 하나님 여호와 주께서 종으로 종의 아비 다윗을 대신하여 왕이 되게 하셨사오나 종은 작은 아이라 출입할 줄을 알지 못하고 왕상 3:7

아버지 다윗을 이어 왕이 되긴 했지만 '하나님, 나는 출입할 줄을 모릅니다. 내가 가야 할 곳과 가지 말아야 할 곳도 분별 못 하고 다닙니다'라고 솔로몬이 말했습니다. 이 말은 어린아이에 지나지 않는 내가 어떻게 왕의 임무를 수행해야 할지 모르겠다는 뜻입니다. 그리고 이어 솔로몬이 간절히 구합니다.

주께서 택하신 백성 가운데 있나이다 그들은 큰 백성이라 수효가 많아서 셀 수도 없고 기록할 수도 없사오니 누가 주의 이 많은 백성을 재판할 수 있사오리이까 듣는 마음을 종에게 주사 주의 백성을 재판하여 선악을 분별하게 하옵소서 왕상 3:8-9

171

솔로몬은 이런 내가 셀 수도 없이 많은 백성들을 재판할 수 없으니 선과 악을 분별할 수 있게 해달라고 지혜를 구했습니다. 그러자 솔로몬의 간구에 매우 흡족하신 하나님은 이런 약속을 하셨습니다.

이에 하나님이 그에게 이르시되 네가 이것을 구하도다 자기를 위하여 장수하기를 구하지 아니하며 부도 구하지 아니하며 자기 원수의 생명을 멸하기도 구하지 아니하고 오직 송사를 듣고 분별하는 지혜를 구하였으니 내가 네 말대로 하여 네게 지혜롭고 총명한 마음을 주노니 네 앞에도 너와 같은 자가 없었거니와 네 뒤에도 너와 같은 자가 일어남이 없으리라 내가 또 네가 구하지 아니한 부귀와 영광도 네게 주노니 네 평생에 왕들 중에 너와 같은 자가 없을 것이라 왕상 3:11-13

하나님은 솔로몬에게 그가 구한 지혜뿐만 아니라 구하지 않은 부와 영광 즉, 명예까지 더해 주셔서 열 왕 중에 그와 같은 자가 없도록 축복을 내리겠다고 약속하셨습니다.

하나님께서 이렇게 솔로몬이 구하지 않은 것까지 주신 이유는 자기 마음대로 나라를 다스리려는 것이 아니라 하나님 앞에 자기를 낮추고 지혜를 구했기 때문입니다.

겸손은 현재 자신의 위치를 단순히 낮춘다는 의미가 아닙니다. 겸손이란 하나님 앞에서의 자신의 위치를 바르게 인식하고 하나님이 보실 때 합당한 언행 심사를 가지는 것을 말하는 것입니다. 그러므로 겸손한 기도는 하나님을 창조주로, 우주 만물과 자신의 생사 화복을 주관하시는 섭리주로, 그리고 자신의 구속주로 인정하고 고백하는 것이 기본입니다. 또한 하나님 앞에서 자신의 죄악 됨과 무지함과 무능함을 인정하고 고백해야 합니다. 동시에 하나님만이 자기의 모든 삶을 주관하시는 주님이심을 믿고, 그 주님께 모든 삶의 주권을 드리는 기도가 겸손한 기도입니다.

"주님, 나는 죄와 악을 이기지 못합니다. 그리고 주님의 뜻을 따를 힘도 지혜도 없습니다. 의지도 약합니다. 주님만이 말씀을 따르는 새사람의 삶을 살게 할 수 있습니다. 저를 이끌어 주옵소서."

이렇게 자신의 무능함을 인정하고, 주님을 주님으로 모시는 겸손한 기도에 담긴 진정한 믿음을 주님은 기뻐 받으시고 응답해 주십니다.

하나님의 뜻을 구하는 기도

예수님은 '너희는 먼저 그의 나라와 그의 의를 구하라 그리하면 이 모든 것을 너희에게 더 하시리라'^{마 6:33} 고 하셨습니다. 이 말씀에서 '의'를 구하라는 말씀은 무슨 말씀일까요? 바로 하나님 나라의 아버지 '뜻'을 구하라는 것입니다.

그러므로 첫째 겸손하게 구하고, 둘째 하나님의 뜻대로 구해야 합니다. 하나님의 뜻대로 구한다는 것은 '사명을 붙잡고 구하는 기도'를 말합니다. 나의 필요가 아니라 하나님께서 나를 통해 원하시는 일을 하도록 구하는 것입니다.

보통 일반적인 기도는 "하나님, 우리 아이가 공부 잘하게 해 주세요"라고 기도하지만 사명을 붙잡고 하는 기도는 "하나님, 우리 아이가 말씀 안에서 바르게 잘 자라 하나님이 찾아 쓰시는 사람 되기를 원합니다. 하나님의 인도 하심 따라 지혜와 명철을 주셔서 모든 것에 뛰어난 자가 되게 하여 주옵소서. 그리하여 주의 거룩하신 뜻을 이루게 하여 주옵소서"라고 기도하는 것입니다.

가정을 위한 기도 역시 마찬가지입니다.

"하나님, 우리 남편이 돈 많이 벌어 와서 우리 집 부자 되게 해 주세요"라고 기도하기보다 "주님, 저희 집에 물질의 넉넉함을 주세요. 주신 물질 허투루 쓰지 않고 주님의 선한 일에 쓰도록 하겠습니다."

이렇게 주의 나라를 위해 쓰겠다고 구하는 것입니다. 그러므로 하나님께 구할 때에는 '무엇을 구하느냐'가 중요한 것이 아니라 '무엇을 위하여 구하느냐'가 중요한 것입니다. 그래서 예수님께서 말씀하셨습니다.

너희가 내 안에 거하고 내 말이 너희 안에 거하면 무엇이든지 원하는 대로 구하라 그리하면 이르리라 너희가 열매를 많이 맺으면 내 아버지께서 영광을 받을 것이

174

'너희가 내 안에 거하고, 내 말이 너희 안에 거하면'이란 말씀을 기도하는 자에게 적용하면 '주님의 뜻이 나의 뜻이 되면'이 됩니다.

그러니까 내가 주님의 뜻을 가지고 기도한다면 그 기도의 내용은 완전히 거룩하고, 의롭고, 선하신 하나님의 뜻으로 이루어진 기도라는 말씀입니다. 그러므로 그 기도는 분명 열매를 맺는다는 말씀입니다.

기도하는 성도를 통해서 이루실 하나님의 뜻에는 엄청난 하나님의 은혜와 복이 담겨있습니다. 그것은 곧 성경에 약속된 복음들입니다. 이 복음이 담고 있는 은혜와 복은 모든 기도하는 자의 몫으로 돌아갑니다. 왜냐하면 하나님이 구하고, 찾고, 두드리는 자에게 주시기로 뜻을 정하셨기 때문입니다. 그러므로 기도할 때 하나님의 뜻이 아닌 정욕을 품고 기도하지 않도록 성령님께 도움을 청해야 합니다.

예수님은 늘 기도하셨습니다. 그리고 늘 하나님 아버지의 뜻을 물으셨습니다.

"하나님 아버지, 어떻게 하면 좋겠습니까?"

예수님이 지혜가 없어 어린아이처럼 매번 물으셨던 것이 아닙니다. 한순간이라도 아버지의 뜻을 비켜나 자기 뜻대로 행할까 물으셨던 것입니다. 예수님은 잡히시기 전 겟세마네에서 마지막 기도를 하셨습니다. 두렵고 괴로운 심정으로 땀방울이 핏방울이 되도록 기도하셨습니다. 될 수 있으면 다가올 고난이 조용히 지나가기를 기도했습니다. 그러나 예수님은 결국 이렇게 기도하셨습니다.

"나의 원대로 마시옵고 아버지의 원대로 하옵소서."

사명기도

이스라엘 백성과 아모리 족속이 전쟁을 하는 중에 해가 지려 합니다. 해가 길면 아모리 족속을 완전히 멸할 수 있을 텐데 해가 지고 있었던 것입니다. 그때 여호수아가 하나님께 기도하고 이스라엘 백성이 보는 앞에서 이렇게 외쳤습니다.

"태양아! 기브온 위에 머물러라! 달아! 너는 아얄론 골짜기에 머물러라!"

굉장히 담대한 선포였습니다. 혼자 있는 것도 아니고, 속으로만 선포한 것도 아니고 이스라엘 백성이 다 보는 앞입니다. 믿음이 없다면 태양이 멈추지 않을 경우를 생각해서 할 수 없는 선포였습니다. 그런데 태양이 과연 중천에 머물렀을까요? 아무리 하나님께 기도했다지만 정말 가능할까요?

하나님께서 여호수아의 기도에 응답하셨습니다. 태양은 중천에 머물러 속히 내려오지 않았습니다. 성경에 보면 야살의 책에 기록되기를 '태양이 중천에 머물러 종일토록 속히 내려가지 않았다'고 되어 있습니다. 싸움이 다 끝날 때까지 말입니다.

하나님은 여호수아의 이 말도 안 되는 기도에 응답하셨습니다. 왜 응답하셨을까요? 그것은 여호수아가 전쟁에서 승리하기 위한 야망 때문이 아니라, 하나님께서 주신 사명을 감당하기 위해 믿음으로 담대히 기도했기 때문입니다.

이렇게 사명을 붙들고 기도할 때 하나님께서는 능력을 부어 주십니다. 홍해 바다 앞에서 기도한 모세, 여리고성 앞에서 기도한 여호수아, 앉은뱅이와 병든 자들을 위해 기도한 제자들 모두 사명을 감당하기 위해 기도했을 때에 하나님께서 능력을 주셨습니다.

여러분도 사명이 있습니다. 교회에서 받은 직분자로서의 사명! 삶의 현장에서 하나님의 자녀로서의 사명! 가정에서 아버지로서, 어머니로서의 사명! 그리고 남편과 아내로서의 사명! 그리고 부모님에게는 자녀로서의 사명이 있습니다. 이렇게 내게 주어진 사명으로 하나님의 영광을 나타내게 해달라고 간절히 믿음의 기도를 드려봅시다. 놀라운 응답을 경험하게 될 것입니다.

우리가 사명을 위해 기도할 때 우리의 형편과 사정을 누구보다도 잘 알고 계신 하나님께서 우리가 구하지 아니한 것까지 더하여 응답해 주십니다. 솔로몬이 하나님께서 세우신 왕으로서의 사명을 위해서 기도드렸을 때 그 사명을 감당할 수 있는 지혜를 전무후무하게 주셨을 뿐만 아니라, 구하지 아니한 부귀와 영광까지 풍성하게 주셨듯이 말입니다.

이제는 먹을 것, 입을 것을 위해 기도하기보다 하나님의 나라와 주신 사명을 위해 기도해야 할 때입니다. 사명을 위해 기도하십시오! 하나님을 믿고 주신 사명 위해 담대하게 구했던 여호수아처럼 말입니다.

중보기도

능력의 기도 중 하나는 '중보기도'입니다. '도고 기도'라고도 하는 중보기도는 나를 위한 기도가 아니라 누군가를 위한 기도입니다. 우리는 나 자신과 내 가족을 위한 기도뿐만 아니라 이웃을 위해 기도해야 합니다.

"하나님, 요즘 우리 옆집이 자동차 사고로 인해 어려움을 겪고 있습니다. 그 가정의 문제가 원만히 해결되기를 간절히 원합니다. 그리고 이번 기회에 하나님을 알고 하나님을 믿어 하나님의 위로 하심을 받기를 원합니다."

나라를 위해 기도해야 합니다.

"하나님, 우리나라가 정치, 경제적으로 혼란스럽고 위태롭습니다. 또한 사회적으로 끔찍한 범죄가 날로 심각해져 갑니다. 하나님, 이 나라를 불쌍히 여겨주시옵소서. 온 교회마다 기도가 회복되어 나라를 위해 기도할 때 이 나라가 다시 일어서게 하옵소서!"

각 교회의 목회자와 이 땅의 교회를 위해 기도해야 합니다.

"하나님, 이 땅의 교회와 목회자들이 믿지 않는 사람들에게 지탄을 받고 있습니다. 잘못됨을 깨닫고 회개하여 하나님 앞에, 사람 앞에 부끄럽지 않은 목회자들이 되게 하옵소서. 또한 세상에 선한 영향력을 끼치는 교회와 성도들이 되도록 인도하옵소서!"

대통령을 위해서도 기도해야 합니다. 내 아이뿐만 아니라 내 아이와 함께 자라고 있는 이 땅의 아이들을 위해서도 기도해야 합니다. 소외된 이웃들을 위해 기도해야 하며, 이 나라를 지키고 있는 군인들을 위해서도 기도해야 합니다. 문득 기도 중에 생각지 않은 사람이 떠오를 땐 외면하지 말고 그 사람을 위해 기도하십시오. 하나님께서 중보기도가 필요한 사람을 생각나게 하신 것입니다.

우리 교회에는 밤마다 중보기도가 있습니다. 매일 한 시간씩 모여서 기도합니다. 이웃들을 위해, 교회를 위해, 나라를 위해 기도합니다. 그런데 놀라운 것은 이웃과 나라의 어려움을 품고 중보기도하는 분들의 마음에도 변화가 오고 영이 더욱 강건하여지더라는 것입니다.

나는 너희를 위하여 기도하기를 쉬는 죄를 여호와 앞에 결단코 범하지 아니하고 선하고 의로운 길을 너희에게 가르칠 것인즉 삼상 12:23

사무엘 선지자는 너희를 위하여 기도하기를 쉬는 죄를 결단코 범하지 않겠다고 말했습니다. 여기서 너희를 위하여 기도했다는 것은 중보기도를 말합니다. 그런데 사무엘 선지자는 중보기도를 쉬는 것 즉, 중보기도를 하지 않는 것을 죄로 간주하고 있습니다.

이 말씀을 우리말 성경에는 '내가 너희를 위해 기도하지 않는 것은 여호와께 죄를 짓는 것이니, 그런 죄를 결단코 짓지 않고'라고 되어 있습니다.

중보기도를 하지 않는 것은 죄입니다. 하나님께 죄를 짓는 것입니다. 중보기도 하십시오. 그런데 막상 중보기도 하려니 누구를 위해 무엇을 기도해야 할지 막막할 수도 있습니다. 그럴 때에는 눈을 감고 조용히 하나님께 여쭤보십시오,

"하나님, 오늘은 누구를 위해 기도할까요?"

혹, 하나님께서 내가 싫어하는 사람을 떠올리게 하셔도 부득불

외면하지 말고 기도하십시오. 순종하여 기도했을 때 하나님께서 반드시 귀한 열매를 맺게 하십니다.

믿음으로 드리는 기도

이스라엘의 왕 아합에게는 이세벨이라는 신구약을 통틀어 가장 머리 좋고, 지독히 우상을 잘 섬기는 아내가 있었습니다.

아합 왕은 이세벨로 인해 바알을 섬기고 숭배했습니다. 이스라엘 백성들 또한 우상을 섬기게 했습니다. 그리고 아세라 목상을 만드는 등 전에 있던 어느 이스라엘 왕들보다 더한 일들로 하나님을 진노하게 했습니다. 그러자 선지자 엘리야는 이스라엘 땅에 가뭄을 선포했습니다. 그 후 3년 6개월 동안 이스라엘에 비가 내리질 않았습니다. 그러니 나라가 어떻게 되었겠습니까?

경상남도 고성에 집회를 갔을 때 일입니다. 동네를 둘러보니 집집마다 지붕 위에 노란 통이 올려져 있었습니다. 대체 저 통이 뭔가 궁금해서 그곳 주민에게 물었더니 6개월 동안 비가 오지 않아 소방차가 물을 저장해 주고 가던 통이라고 했습니다.

그래서 주민에게 어느 정도의 가뭄이었는지 물어보니 땅속에 있던 물도 말라버리고, 물이 마르니 풀을 먹여도 짐승이 크질 않고, 소나 돼지들도 병들어 사람들까지 시름시름 앓더라는 것입니다.

그러니 3년 6개월이나 비가 내리지 않은 이스라엘은 살아남는 게 있었겠습니까? 온 시내가 마르고 나라 전체의 식물이 모두 타 죽었습니다.

길르앗에 우거하는 자 중에 디셉 사람 엘리야가 아합에게 말하되 내가 섬기는 이스라엘의 하나님 여호와께서 살아 계심을 두고 맹세하노니 내 말이 없으면 수 년 동안 비도 이슬도 있지 아니하리라 하니라… 땅에 비가 내리지 아니하므로 얼마 후에 그 시내가 마르니라 열상 17:1,7

그렇게 가뭄이 3년간 지속되던 어느 날 하나님께서는 엘리야에게 이제 비를 내릴 것이니 아합 왕을 만나라고 말씀하셨습니다. 엘리야는 순종하여 아합 왕을 만났습니다. 아합은 엘리야를 보자 "바로 네가 이스라엘을 괴롭히는 자냐?" 하고 물었습니다. 그러자 엘리야가 대답했습니다.

"이스라엘을 괴롭히는 사람은 내가 아니라 왕과 왕의 집안이오. 왕은 여호와의 명령에 복종하지 않았고 바알신을 따랐소. 모든 이스라엘 백성에게 나를 만나러 갈멜산으로 오라고 이르시오. 이세벨에게서 얻어먹고 사는 바알의 예언자 사백오십 명과 아세라의 예언자 사백 명도 데려오시오."

아합 왕이 모든 이스라엘 백성과 그 예언자들을 갈멜산으로 불러 모았습니다. 엘리야가 백성 앞에 서서 말했습니다.

"여러분은 언제까지 바알과 여호와 두 사이에서 머뭇거리고 있으렵니까? 여호와와 바알을 함께 섬길 것이오? 여호와가 참 하나님이시면 여호와를 따르고 바알이 참 하나님이면 바알을 따르시오."

그러나 백성들은 아무 말도 하지 않고 잠잠히 있었습니다. 엘리야가 말했습니다.

"여호와의 예언자라고는 나밖에 남은 사람이 없소. 그러나 바알의 예언자들은 사백오십 명이나 있소. 소 두 마리를 가져와 바알의 예언자들에게 한 마리를 고르게 하고 그 소를 잡아서 여러 조각으로 나눈 다음에 장작 위에 올려놓게 하시오. 그러나 거기에 불을 지피지는 마시오. 나도 나머지 소 한 마리를 잡아서 장작 위에 올려놓겠소. 나도 거기에 불을 지피지 않겠소. 당신들 바알의 예언자들이여, 당신들의 신에게 기도하시오. 나도 여호와께 기도하겠소. 기도를 들어 주셔서 불을 내리시는 신이 참 하나님이시오."

그러자 모든 백성이 그렇게 하는 것이 좋겠다고 말했습니다. 그렇게 엘리야 대 바알의 예언자들의 대결이 시작되었습니다. 바알의 예언자들은 아침부터 정오까지 제단 위에서 날뛰었습니다. 그러나 아무런 일도 일어나지 않자 그들은 칼과 창으로 몸에 상처를 내고, 피를 흘리며 낮이 지나고 저녁이 다 되도록 바알의 응답을 기다렸습니다. 하지만 아무 소리도, 응답도 들려오지 않았습니다.

이제 엘리야 차례가 되었습니다. 엘리야는 모든 백성을 불러 모으고 제단을 쌓았습니다. 그리고 제단 둘레에 작은 도랑을 파고, 제단 위에는 장작을 쌓은 뒤 여러 조각으로 나눈 소를 올려놓았습니다. 그런 다음 항아리 네 개에 물을 가득 채워서 제물과 장작 위에 한 번이 아닌 세 번씩이나 부었습니다. 그러자 물이 제단 위로 넘쳐흘러 도랑을 가득 채웠습니다.

모든 준비가 끝나자 엘리야가 제단 앞으로 나아갔습니다. 그리고 하나님께 이렇게 기도했습니다.

"여호와여, 주님은 아브라함과 이삭과 이스라엘의 하나님이십니다. 주님이 이스라엘의 하나님이심을 증명해 주십시오. 그리고 제가 주님의 종이라는 것과 주께서 저에게 명령하여 이 모든 일을 하게 하셨음을 이 백성에게 보여 주십시오. 여호와여, 제 기도를 들어 주십시오. 여호와께서 하나님이시라는 것을 이 백성들이 알게 하소서. 주님이야말로 이 백성을 주께로 돌아오게 하시는 분이라는 것을 알게 하소서."

기도가 끝나자 불이 하늘에서 떨어져 제물과 장작과 제단 둘레의 돌과 흙을 태우고 도랑의 물을 말려버렸습니다. 그러자 모든 백성이 땅에 엎드려 외치기 시작했습니다.

"여호와 그는 하나님이시로다! 여호와 그는 하나님이시로다!"

엘리야는 바알의 예언자들을 한 사람도 도망가지 못하게 다 붙잡은 뒤 모두 죽었습니다. 그 후 엘리야는 아합 왕에게 비 소식이 있으니 돌아가서 먹고 마시라 말하고 갈멜산 꼭대기로 올라갔습니다.

우리 같았으면 3년 6개월이나 비가 오지 않았는데 비가 내릴까? 살짝이라도 의심했을 텐데 엘리야는 비를 내리시겠다고 하신 하나님의 말씀을 믿고 장담했습니다. 그러고는 몸을 굽혀 얼굴을 무릎 사이에 넣고 간절히 기도했습니다.

엘리야는 얼굴을 무릎 사이에 넣은 채 자기 종에게 바다 쪽을 살펴보라고 했습니다. 종이 아무것도 보이지 않는다고 하자 앞으로 일곱 번을 되풀이하여 가보라고 말하였습니다.

일곱 번째가 되자 종이 말했습니다.

"사람 손바닥만 한 작은 구름이 바다에서 올라오고 있습니다!"

얼마 지나지 않아서 검은 구름이 하늘을 덮었습니다. 그리고 바람이 불더니 큰비가 내리기 시작했습니다.

아합 왕에게 비가 내리지 않을 것을 선포하고, 바알의 예언자들과 한판 대결을 벌이고, 아합 왕에게 비 소식이 있으니 가서 먹고 마시라는 엘리야의 배짱을 보면서 그에게 무엇을 보았습니까? 믿음으로 선포하고, 믿음으로 기도하고, 믿음으로 행하는 모습을 보았습니다.

그렇다면 엘리야 선지자에게만 이런 믿음이 가능하고, 엘리야 선지자만이 기도해야 비를 내려주시는 걸까요? 아닙니다. 우리가 기도해도 비가 내려야 합니다. 그런데 문제는 기도의 흉내만 낼 뿐 엘리야 선지자처럼 하나님을 믿고 전심으로 기도하는 사람이 드물다는 것입니다.

믿음으로 기도하십시오. 엘리야의 기도에는 믿음 밖에 없었습니다. 여러분에게도, 여러분의 기도에도 오직 믿음밖에는 없어야 합니다.

하나님께서 듣지 않으시는 기도

죄악을 품고 드리는 기도

내가 나의 마음에 죄악을 품었더라면 주께서 듣지 아니하시리라 시 66:18

사람은 상대방의 마음이 악하다는 것을 알고 있는 이상, 그가 어떤 말을 해도 귀담아들으려 하지 않습니다. 좋게 받아들여지지 않기 때문입니다. 하나님은 말할 것도 없습니다. 주님은 우리의 마음을 세세하게 다 아십니다. 누군가를 미워하는 마음, 분이 풀리지 않은 마음, 시기하는 마음, 복수심이나 허영, 헛된 욕망을 품고 기도하는 것을 훤히 다 보고 계십니다.

186

말씀에서 보듯 하나님은 이렇게 악한 마음을 품고 드리는 기도를 듣지 않으십니다. 그 어떤 감사와 찬양이 들어있는 기도일지라도 하나님은 듣지 않으십니다.

그러므로 하나님이 들으시는 기도를 하기 위해서는 먼저 마음에 품고 있는 죄부터 기도하며 해결해야 합니다. 그런데 죄 중에서도 가장 큰 죄! 반드시 회개해야 하는 죄가 있습니다. 이 죄를 가지고 있는 한 아무리 매일 기도를 한다고 해도 하나님이 응답하시지 않습니다. 하나님은 먼저 그 죄를 회개함으로 정리할 것을 요구하십니다. 반드시 그 죄를 회개하고 구하여야만 합니다.

그 죄는 바로 하나님보다 무언가를 더 사랑하거나, 하나님보다 더 신뢰하는 죄입니다. 이것은 곧 하나님 외에 다른 것을 섬기는 우상 숭배와 같은 죄입니다. 이 죄를 품고 있으면 하나님을 삶의 주로 모시는 진실한 믿음을 갖기 불가능합니다.

또 한 가지 반드시 회개해야 할 큰 죄는 우리 삶의 주인이신 하나님의 자리를 차지하여 하나님 행사를 하는 죄입니다. 이 죄는 사단의 유혹에 빠진 아담과 하와가 범한 죄입니다. 선악과를 따먹고, 하나님의 일인 선과 악을 판단하면서 하나님의 자리를 차지하려는 죄 말입니다. 이 죗값으로 전 인류는 하나님의 무서운 형벌과 저주를 받았습니다.

그러나 예수님께서 택한 백성들을 죄와 그 형벌로부터 구원하셨습니다. 십자가에서 죽으시므로 죗값을 다 치르시고 부활하셨습니다. 예수님의 본래 자리인 자기 백성의 '주님^Lord'자리를 회복하기 위해서 속죄 제물이 되셨던 것입니다.

우리가 살아도 주를 위하여 살고 죽어도 주를 위하여 죽나니 그러므로 사나 죽으나 우리가 주의 것이로다 이를 위하여 그리스도께서 죽었다가 살아나셨으니 곧 죽은 자와 산 자의 주가 되려 하심이라 롬 14:8,9

마음에 악한 감정이나 원수를 품고 기도하지 마십시오. 하나님보다 더 사랑하고, 신뢰하는 것은 주님의 이름으로 과감히 버리십시오. 하나님을 내 삶의 주인으로 모십시오. 나는 하나님이 될 수 없습니다. 하나님인 체하지 마십시오. 이 모든 것은 죄입니다. 죄를 품은 기도는 사단이 듣고, 사단이 좋아합니다. 그러나 하나님은 결코 듣지 않으십니다. 싫어하십니다.

의심하는 기도

'하나님이 정말 기도를 들으실까? 기도하면 정말 응답이 될까?' 기도한 후에 혹은 심지어 기도를 하는 중에 이렇게 미심쩍어하는 분들이 의외로 많습니다.

왜 실컷 기도해놓고 의심하십니까?

의심은 사단이 주는 것입니다. 하나님을 신뢰하지 못하도록 사단이 의심하게 만드는 것입니다. 그러니 의심을 품고 기도하는 사람은 응답일랑 기대도 하지 마십시오.

너희 중에 누구든지 지혜가 부족하거든 모든 사람에게 후히 주시고 꾸짖지 아니하시는 하나님께 구하라 그리하면 주시리라 오직 믿음으로 구하고 조금도 의심하지 말라 의심하는 자는 마치 바람에 밀려 요동하는 바다 물결 같으니 약 1:5-6

예수님께서는 오직 믿음으로 구하고 조금도 의심하지 말라고 하셨습니다. 의심하는 자는 바람에 밀려 요동하는 바다 물결 같다고 하셨습니다. 요동하는 물결을 상상해 보십시오. 얼마나 물살이 거세고 사납습니까? 기도하고 의심하는 사람의 삶이 이렇게 요동하는 물결처럼 평탄치 못할 것이라는 말씀입니다.

기도는 의심 없이 해야 합니다. 성경에는 하나님께 구했으면 구한 것을 받은 줄로 믿으라고 말씀합니다. 그러나 우리는 조급합니다. 즉시 눈에 보이지 않고, 손에 쥐어지지 않으면 하나님을 의심합니다. 그리고 차차 원망합니다.

기도는 씨 뿌리기입니다. 씨를 뿌리고 그 즉시 열매를 거두는 일은 없습니다. 기도 역시 끊임없이 기도하며 열매가 맺길 믿음으로 기다려야 합니다. 하나님의 응답은 때가 있습니다. 하나님께서 가장 좋은 때에, 가장 좋은 것으로 응답해 주십니다. 의심하지 말고 기다리십시오. 기도 응답에 조급해하다 믿음을 잃을까 염려스럽습니다.

정욕으로 쓰기 위해 구하는 기도

어떤 사람이 기도를 했습니다.

"하나님, 돈 주세요. 돈!"

하나님이 말씀하셨습니다.

"돈 주면 또 차 바꾸려는 거 다 안다."

또 어떤 사람이 간절히 기도를 했습니다.

"하나님, 이번 달에는 꼭 100만 원 주셔야 합니다. 좋은 일에 쓸 데가 있습니다."

하나님이 기특해서 응답해 주셨습니다. 그랬더니 해외로 여행을 갔답니다. 진짜 속셈은 좋은 일이 아니라 해외여행이었던 것입니다. 우스개로 든 예화이지만 실제로 저렇게 세상적인 욕망을 채우기 위해 물질 기도를 하는 사람들이 있습니다.

하나님은 선한 곳에 쓰기 위하여 구하는 기도를 기뻐하십니다. 반대로 선하지 않은 곳으로 방향을 잡아놓고 선한 척 구하는 기도는 응답하지 않으십니다.

나의 생각은 그 누구도 알 수 없지만 하나님은 아십니다. 물질적으로 풍요로워지면 점점 하나님을 멀리 떠날 것을 아시고, 주신 물질로 정욕을 채우는 데에만 쓰실 것을 아십니다. 나의 정욕을 위해 구하지 마십시오. 주님께서 당연히 응답하지 않으십니다.

구하여도 받지 못함은 정욕으로 쓰려고 잘못 구하기 때문이라 약 4:3

불순종하는 자의 기도

이 세상 모든 죄는 불순종에서 시작됩니다. 인류의 시초인 아담과 하와는 불순종 때문에 에덴동산에서 쫓겨났습니다. 뱀의 유혹에 넘어가 하나님께서 먹지 말라고 말씀하신 선악과를 따먹었기 때문입니다. 그러니까 최초의 불순종은 마귀의 유혹으로 시작된 것입니다. 사무엘상 15장 22절에는 제사보다 순종이 낫다고 말합니다. 하나님께 순종하지 않는 자가 예배를 드린다면 그 사람은 형식적인 예배를 드리는 것에 불과합니다.

기도도 마찬가지입니다. 하나님이 말씀하시는 것마다 불순종하는 사람의 기도 역시 형식에 불과한 기도입니다. 하나님께서는 불순종하는 사람의 기도를 받지 않으십니다. 그리고 말씀은 듣기 싫어하면서 기도하는 사람도 불순종하는 사람입니다. 말씀을 거부하면 기도한들 아무 소용없습니다.

사람이 귀를 돌려 율법을 듣지 아니하면 그의 기도도 가증하니라 잠 28:9

하나님께서는 그런 사람을 가증하다고 하셨습니다. 다른 성경에는 '역겨워하신다'라고 표현되어 있습니다. 아무리 기도해도 응답을 받지 못하는 불순종의 사람이 아닌, 믿고 구하는 것마다 응답받는 순종의 사람이 됩시다.

이웃의 어려움을 외면하는 자의 기도

어려운 이웃을 보고도 모른 척하는 사람의 기도를 하나님께서 들으실까요?

귀를 막고 가난한 자가 부르짖는 소리를 듣지 아니하면 자기가 부르짖을 때에도 들을 자가 없으리라 잠 21:13

가난한 자가 부르짖을 때 듣지 않으면, 내가 어려움에 처해 부르짖었을 때 누구도 들을 자가 없을 것이라고 잠언에서 말합니다. 이런 사람의 기도는 하나님께서도 듣지 않으십니다. 하나님은 그리스도의 마음으로 약한 자를 먼저 돕고, 어려운 이웃을 불쌍히 여기고 베푸는 사람이 구할 때 응답하시며, 더 큰 것으로 채워 주십니다. 어린 소자에게 냉수 한 그릇이라도 퍼 주려는 그 마음, 그 손길을 가진 자를 선히 여기셔서 그의 기도에 복에 복을 더하십니다.

자기의 의를 드러내는 기도

아무리 옳고 선한 일을 했다 할지라도 그것을 드러내기 위한 기도는 교만한 기도입니다. 드러내기 위한 기도에는 하나님의 은혜는 없고 '나' 자신만 있을 뿐입니다. 어떤 사람은 "제가 이런저런 좋은 일을 했으니 하나님 이렇게 해주십시오"라고 기도하기도 합니다. 나 스스로 이런 좋은 일을 했으니 하나님은 칭찬도 해주시고, 내가 원하는 것도 달라는 것입니다. 참 교만하고 무례한 기도입니다. 그리고 이 기도는 거래이지 기도가 아닙니다.

아이들은 착한 일을 했을 때 자랑스러운 표정을 지으며 어른들에게 종알종알 말합니다.

"엄마, 오늘 학교에서 친구가 체육 하다가 넘어졌는데 제가 일으켜줬어요!"

아이들이 자기 의를 드러내는 건 칭찬 받고 싶은 순수한 마음에서입니다. 그래서 머리를 쓰다듬어 주거나 엄지를 척 내밀어 주면 그렇게 좋아할 수 없습니다. 단지 그뿐입니다.

그러나 우리의 기도는 불순할 때가 많습니다. 자신의 선한 일을 하나님께서 알아주길 바라며 자꾸만 그것을 꺼내놓습니다. 바라는 것이 있기 때문입니다. 이러한 사람들의 특징 중 하나는 하나님께서 바라는 것을 들어주시지 않을 경우 이렇게 말한다는 것입니다.

"하나님, 내가 뭔가 받으려고 좋은 일을 한 건 아니지만 너무하신 거 아닙니까?"

스스로 하나님 앞에 의로운 사람이라고 생각하는 어떤 사람은 옆 자리에 앉은 사람이 들어주고, 알아주길 바라며 큰 소리로 자신의 의로운 생각이나 행동을 떠벌리며 기도합니다. 바리새인처럼 말입니다. 참 부끄럽고 어리석은 일입니다.

자기의 의로운 행위를 드러내는 기도는 옳은 기도가 아닙니다. 하나님이 받으시는 기도가 아닙니다. 자기의 의를 드러내며 기도하는 사람은 하나님의 은혜를 모르는 사람입니다. 그리고 의로운 행위를 했다면 이 세상에서 칭찬의 말이나 존경의 눈빛으로 상을 받지 마십시오. 천국에서 상을 받으십시오. 세상에서 상을 받은 사람은 천국에서 받을 상이 없습니다.

나는 없고 오직 하나님의 의만 드러내는 겸손한 기도를 하십시오. 겸손한 기도는 하나님이 기뻐하며 받으십니다. 그리고 나의 의로운 행동을 굳이 드러내지 않아도 하나님은 다 아십니다. 그분은 우리를 눈동자처럼 지키시느라 졸지도 주무시지도 않는 분 아니십니까?

기도가 정답이다

저는 기도 응답에 대한 즐거움을 알고 있습니다. 기도를 하면 마치 수학공식이 풀려서 답이 나오는 것처럼 하나님께 믿고 구한 그대로 정확하게 응답을 받은 일들이 참 많았기 때문입니다.

저는 우리 동일교회를 개척하기 전[1995~1996] '땅값 5,000만 원, 건축 3,500만 원'이라고 쓴 계획서를 가슴에 품고 다녔습니다. 돈이 없기 때문에 주실 것을 믿고 기도하며 가슴에 품고 다닌 것입니다.

그런데 어느 날 하나님께서 알지도 못하는 부산동일교회에 찾아가 가슴에 품고 다니던 계획서를 보이도록 인도하셨습니다. 그 일화를 짧게 소개하도록 하겠습니다.

부산동일교회는 1996년 7월 7일에 제직회를 열기 위해 7월 1일에 당회를 소집했습니다. 소집 이유는 부산동일교회 권사님들이 교회설립 50주년을 바라보면서 하나님 앞에 선한 일을 하고자 모아온 돈의 용도 문제 때문이었습니다.

그날 당회에서는 개척지원금으로 쓰기 위해 권사님들이 구역에서 7년간 천 원씩 모은 8,500만 원을 마땅히 지원할 데가 없는 관계로 담임목사님 은퇴 기념으로 아파트를 사 드리기로 결정을 내렸습니다. 그렇게 결정한 것을 7월 7일 주일에 제직회에서 통과만 하면 되는 상황이었습니다.

그런데 제가 기적같이 7월 6일 토요일 오후 2시에 찾아간 것입니다. 가서 처음 뵙는 목사님께 돈 이야기를 꺼냈습니다. 듣도 보도 못한 낯선 사람이 찾아와 돈 좀 달라니 목사님께서 얼마나 황당하셨겠습니까? 그러나 저는 꿋꿋이 장장 3시간 동안 개척계획에 대해 설명해 드렸습니다. 그러고는 땅값 5,000만 원 중 선수금으로 500만 원을 치르고 남은 땅값 4,500만 원을 부탁드렸습니다.

한참 설명을 들으신 목사님은 2,000만 원을 주시겠다고 말씀하셨습니다. 너무나 감사해 돈을 받으려는데 필요한 돈은 4,500만 원인데 2,000만 원을 가지고 가봤자 아무 소용이 없겠다는 생각이 들었습니다. 응답을 이렇게 반만 받을 수는 없겠다 싶어 저는 배짱 좋게 거절하고 나왔습니다. 나오면서 '그냥 받을 걸 그랬나?' 아쉬운 마음도 들었지만 하나님을 믿고 끝까지 배짱을 부렸습니다.

그렇게 교회를 나와 골목길을 걸어가는데 뒤에서 누가 저를 불렀습니다. 알고 보니 그분은 그 교회 선교국장이셨습니다. 그분께서 교회를 찾아온 이유를 물어보시기에 이미 담임목사님께 보여드렸던 교회 건축물이 그려져 있는 건축계획서를 안주머니에서 꺼내 보여드렸습니다.

그러자 계획서를 찬찬히 살펴보시던 그분이 깜짝 놀라시는 것이었습니다. 그 계획서에는 부지 값 5,000만 원뿐만이 아니라 교회 건축비 3,500만 원이 기재되어 있었기 때문입니다.

그렇습니다. 앞서 말했듯이 권사님들이 개척지원금으로 모으신 돈은 8,500만 원이었습니다. 그리고 저는 개척자금을 위해 어디에 선가 찾아온 생면부지의 사람이었습니다. 뭔가 딱 맞아떨어지는 상황에 그분은 놀라지 않을 수 없었던 것입니다.

드디어 7월 7일 제직회 날, 선교국장님이 제가 드린 종이를 펼쳐들고 제직들에게 설명을 하셨다고 합니다. 그러자 제직 전원이 하나님께서 하신 일이라며 개척자금을 지원하기로 결정을 내렸다고 합니다. 그렇게 하나님의 완벽한 계획 하심으로 받은 개척자금으로 7월 15일 잔금을 치르고, 11월 4일 설립 예배를 드렸습니다.

이제 하나님의 응답으로 받은 5,000만 원을 주고 구입한 670평 땅에 3,500만 원으로 건물을 짓기만 하면 되었습니다. 그런데 개척하려는 동네에서 데모를 크게 하는 것입니다. 교회를 짓지 못하게 하려고 주민들이 몰려나와 그렇잖아도 좁은 농로 길을 막고 못 들어오게 하였습니다. 그러나 포기하지 않고 하나님께 간절히 기도했습니다. 그때마다 하나님께서는 지혜를 주셨고, 사람들을 연결해 주셔서 교회 벽돌을 쌓을 수 있었습니다.

드디어 비밀리에 일을 시작했다. 마을 주민 모두가 잠든 새벽, 철강 회사에서 골조를 운반했다. 동네가 반대할 겨를도 없이 일을 진행했다. 그 다음엔 벽돌 쌓는 사람을 수소문해 찾았다. 그런데 벽돌은 쌓는 데만도 일주일이 걸린다는 것이었다. 그래서 이틀 만에 쌓아달라고 부탁했다. 놀랍게도 밤낮을 가리지 않고 이틀 만에 다 쌓아 주었다.〈왜 그 교회는 젊은 부부가 몰려올까?〉중 넥서스CROSS 刊

그리고 드디어 1997년 8월 15일 입당예배를 드리는 감격스러운 순간을 맞이하게 된 것입니다. 이후에도 마을 사람들과의 갈등, 재정문제, 영혼구원의 어려움, 폭우로 인한 산사태가 교회를 덮치고, 생각지 못했던 어린이집 설립과 그로 인해 해결해야 할 법적 문제 등의 말로 다 못할 어려움들이 있었지만 그때마다 하나님께 맡기고 오직 기도로 모든 문제를 해결해 나갔습니다.

이렇게 기도의 응답으로 시작된 동일교회는 지금까지 한 번도 기도 없이 이루어진 일이 없습니다. 하나님 앞에 꿈을 품고 기도하면 없던 것이 생겨났고, 불가능한 일도 가능한 일이 되었습니다.

기도는 내 마음에 주신 밑그림을 그리고 현실로 나타나게 하는 통로였습니다. 그리고 지금 그때 꾸었던 꿈이 현실로 나타나 아름다운 결실을 맺어가고 있습니다. 하나하나 생각할 때에 참 놀랍습니다. 하나님이 계획하신 꿈을 내 꿈처럼 꾸게 하셔서 이루게 하시니 참 신비합니다. 이것이 기도의 축복입니다.

기도는 하나님께서 우리에게 주신 특권입니다. 그런데 이 특권을 무가치하게 여겨 사용도 하지 않고 문제 앞에서 발만 동동 구르며 살아가는 분들이 있습니다. 그래서 마음이 참 안타깝고 아픕니다.

이제 기도하십시오! 기도하며 하나님을 체험할수록 하나님에 대한 믿음이 성장할 것입니다. 믿음이 성장할수록 기도의 깊이와 크기도 달라질 것입니다. 하나님의 은혜 역사도 기도의 깊이와 크기에 따라서 달라질 것입니다.

이제 누리십시오! 기도의 특권을 마음껏 사용하여 하나님의 역사하심과 은혜의 기쁨을 마음껏 누리시길 바랍니다.

기도하십시오! 기도가 정답입니다.

너희 중에 고난 당하는 자가 있느냐 그는 기도할 것이요 즐거워하는 자가 있느냐 그는 찬송할지니라 너희 중에 병든 자가 있느냐 그는 교회의 장로들을 청할 것이요 그들은 주의 이름으로 기름을 바르며 그를 위하여 기도할지니라 믿음의 기도는 병든 자를 구원하리니 주께서 그를 일으키시라 혹시 죄를 범하였을지라도 사하심을 받으리라 그러므로 너희 죄를 서로 고백하며 병이 낫기를 위하여 서로 기도하라 의인의 간구는 역사하는 힘이 큼이라 엘리야는 우리와 성정이 같은 사람이로되 그가 비가 오지 않기를 간절히 기도한즉 삼 년 육 개월 동안 땅에 비가 오지 아니하고 다시 기도하니 하늘이 비를 주고 땅이 열매를 맺었느니라 약 5:13-18절

너희 중에 누구든지 지혜가 부족하거든 모든 사람에게 후히 주시고
꾸짖지 아니하시는 하나님께 구하라 그리하면 주시리라…

약 1:5-6